漢文의 理解

漢文의 理解

李在敦 編著

學古房

들어가며

　중국인들이 고대로부터 지금까지 중국어를 기록하고 사상을 교류하는 수단으로 사용해 온 한자는 우리의 언어생활과도 밀접한 관계를 맺고 있다. 기원전 2~3세기 경 중국에서 전래된 한자는 조선조 훈민정음이 창제되기 전까지 우리말을 기록하는 수단이었고, 훈민정음이 창제된 이후에도 한글과 함께 공용 문자로서의 지위를 차지하고 있었으며, 현재의 실생활에도 여전히 많은 한자가 사용되고 있다. 현재 우리말을 구성하고 있는 16만 여 개의 어휘 중 한자어가 약 70%에 달한다는 사실도 한자가 우리의 언어생활에서 차지하는 높은 비중을 말해 주고 있다고 할 수 있다. 즉, 우리가 한글만 가지고서도 우리말을 기록하고 묘사하는 것이 가능하다 할지라도 우리말에는 이렇게 많은 한자어가 포함되어 있기 때문에 한자를 올바로 인식한다는 것은 바로 우리말을 올바로 인식한다는 것과 맥을 같이 한다고 할 수 있다. 나아가 한자는 우리나라 뿐 아니라 일본, 베트남, 싱가포르, 태국, 말레이시아 등의 여러 국가에서도 널리 사용되고 있어, 한자가 중국의 문자라는 사실을 뛰어 넘어 동아시아 지역의 공용 문자라고 인식하는 것이 옳을 듯하다.

　한자로 씌어진 한문도 고대 동아시아 여러 민족의 중요한 의사소통 수단이었다. 지금까지 한자를 사용하고 있는 중국은 말할 것도 없고, 우리나라에서 훈민정음이 창제된 이후에도 많은 학자들이 남긴 문헌들, 그리고 일본의 고대 문헌들도 대부분 한문으로 되어있다는 사실이 이를 잘 말해주고 있다. 따라서 한자와 한문은 동아시아의 공통된 문화유산이라 해도 전혀 틀린 말이 아닐 것이다.

　따라서 한자 및 한문에 대하여 올바르게 이해한다는 것은 우리말의 올바른 이해 뿐 아니라 동아시아의 여러 나라를 이해하는 데에도 지름길이 될 수 있을 것이다.

이 책은 크게 다섯 부분으로 구성하였다.

제1부에서는 현재까지 발견된 가장 체계를 갖춘 문자인 갑골문으로부터 현재 중국에서 사용하고 있는 간체자에 이르기까지의 변천과정 및 각 과정에서 보이는 한자의 구조상의 특징 등 주로 한자의 역사에 관한 내용을 실었다.

제2부에서는 한문을 읽고 감상하기 위한 기초단계로서 한문의 구조, 한문의 유형과 관련한 문법적인 내용을 간단히 실었다.

제3부에서는 짧은 한문 문장으로 구성된 고사성어를 읽음으로써 한문의 감상 능력을 기르고 아울러 고사성어에 담긴 고대 중국인의 사상과 고대 중국의 역사에 관한 지식을 쌓을 수 있도록 하였다.

제4부에서는 옛 사람들의 기지와 해학이 담긴 문장을 몇 편 골라 읽고 그 의미를 현대적인 입장에서 해석하고 현대 생활에 응용할 수 있는지 여부를 살펴보도록 하였다.

제5부에서는 역대로 수많은 문장들 중에서 명문이라 꼽을 수 있는 문장을 감상함으로써 진정한 고전문학으로서의 가치를 이해하고 그 안에 담긴 옛 문인들의 생각 등을 현대적인 시각으로 조명해 볼 수 있도록 하였다.

그리고 부록으로 우리나라 교육부에서 제정한 교육용 기초 한자 1,800자를 수록하여 한자 학습에 도움을 주고자 하였으며, 마지막으로 우리의 일상 언어생활을 한층 더 풍부하게 하는데 도움이 되는 고사성어를 실었다.

모쪼록 이 책을 통하여 한자 학습은 물론 나아가 한문의 이해 및 감상할 수 있는 능력을 기르는데 초보적으로나마 도움이 될 수 있기를 기원한다.

2017년 2월

李在敦

목차

제**1**부

한자의 역사

한자의 탄생

지금까지 출토된 상고 시대의 문물을 살펴보면 한자는 기원전 3,000년 이전 신석기 시대에 이미 탄생되었다. 전국 시기에 한자는 倉頡(창힐)이라는 사람에 의해 만들어졌다는 전설이 나왔다. 그런데 창힐이란 사람이 누구인가에 대해서는 이견이 분분하여, 黃帝(황제)의 사관이었다고도 하고, 고대의 帝王(제왕)이었다고도 하고, 일반 평민이었다고도 한다.

倉頡(창힐)이 어떠한 사람이었든 창힐이 한자를 만들었다는 전설은 단지 전설일 뿐 믿을 만하지는 않다(그림 1). 한자는 어느 한 개인이 혼자서 어느 한 시기에 만들 수 있는 것이 아니기 때문이다. 게다가 한자는 그 사용하는 사회의 전체 구성원의 공통된 약속에 의해 만들어지고 사용되어야 한자로서의 기능을 제대로 할 수 있지, 어느 한 개인이 그 많은 수의 한자를 만들어 전체 구성원들의 약속을 얻기란 불가능하였을 것이기 때문이다. 따라서 한자는 오랜 시간에 걸쳐 여러 지역의 많은 사람들이 만들어 온 것으로 보아야 할 것이며, 설사 창힐이 실존 인물이었다 하더라도 그 사람 혼자서 한자를 만들었다기보다는 한자를 정리하는 과정에 참여한 인물 정도로 생각할 수는 있을 것이다.

한자가 언제 처음으로 만들어졌는가에 대서는 아직 확정적으로 말하기는 어렵다. 오늘날 볼 수 있는 가장 오래된 문자는 商代(상대) 갑골에 새겨진 문자와 周代(주대)의 청동기에 주조된 문자이다.

한자가 그림[圖畵]에서 출발하였다는 사실을 감안한다면 갑골에 새겨진 문자는 그리는 단계가 아니라 쓰는 단계에 있는 이미 상당히 발달한 문자라 할 수 있다. 학자들의 연구에 따르면 문자가 그리는 단계에서 쓰는 단계로 발전하는 데에는 적어도 3,000년 이상

그림 1. 창힐 상: 黃帝의 史官이었다는 설도 있고, 고대의 帝王이었다는 설도 있다. 4~6개의 눈을 가지고 천문지리, 동식물 등을 관찰한 것을 근거로 하여 한자를 만들었다고 한다.

의 세월이 걸리는 것으로 추측하고 있다. 그런데 1950년대 이후 仰韶(앙소) 문화 유적지에서 발견된 刻劃符號(각획부호)와 大汶口(대문구) 문화의 圖形符號(도형부호)에 대하여 연구를 한 결과 최초로 문자가 탄생된 시대는 분명 商代(상대)보다 훨씬 이전인 夏(하)왕조나 혹은 夏代(하대)보다도 더 이른 시기인 것으로 밝혀졌다. 그렇다면 지금으로부터 4, 5천년 이상 된 신석기 시대가 된다.

商代(상대)는 노예제 사회로 이미 농업이 주된 산업이었고, 그릇을 제조하고 제련하는 등의 수공업이 발달해 있었다. 商代(상대)의 지배층은 점치는 것을 좋아하였는데, 대개 제사, 정벌, 狩獵(수렵), 농사 등 모든 일에 점을 쳤다. 점을 친 결과는 주로 거북의 배 껍질[腹甲]에 새겨 기록하였고(그림 2), 때로는 소 어깨뼈[牛肩胛骨]에 새기기도 하였으며(그림 3), 심지어 짐승

의 두개골(頭蓋骨)에 새기기도 하였다(그림 4). 갑골은 河南省(하남성) 安陽縣(안양현) 小屯村(소둔촌)에서 일찍이 隋唐代(수당대)부터 발견되기 시작하였으나, 무늬 모양이 새겨진 갑골을 본

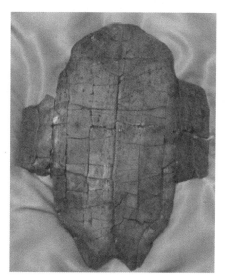

그림 2. 腹甲에 새겨진 갑골문

그 지역 사람들은 이를 '용의 뼈[龍骨]'라 여겨 이것을 가지고 약재를 만들어 약방에 팔았다고 한다. 淸(청) 光緖(광서) 25년(1899)에 이르러서야 국자감에서 金文(금문) 연구에 종사하던 王懿榮(왕의영)이라는 학자에 의해 학술적 가치를 인정받았다. 일설에 의하면 그는 학질에 걸려 한약방에 한약을 지으러 갔다가 약재로 쓰이는 龍骨(용골) 위에 문자가 새겨져 있음을 발견하고 이들 문자가 자신이 연구하고 있던 金文(금문)보다 이전의 문자라는 사실을 깨달았다고 한다. 安陽縣 小屯村은 원래 殷(은)·商(상)왕조 후반 盤庚(반경)이 奄(엄)에서 殷(은)으로 수도를 옮긴 이후부터 暴君(폭군)으로 알려진 商代(은대)의 마지막 왕인 紂王(주왕)에 이르기까지 약 273년간 사용되었던 것으로, 시기는 대략 기원전 13~ 11세기이다. 갑골에 새겨진 문자를 갑골문이라고 부른다.[1] 갑골문자의 발견은 한자가 탄생된 가장 초기의 상황에 대해서 명확히 인식하도록 하였으며, 신화 단계에 있었던 殷商(은상)

왕조의 실체를 밝히는데 크게 공헌을 한 획기적인 사건이었다.

 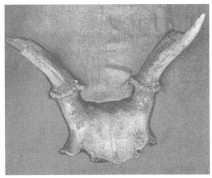

그림 3. 소뼈에 새겨진 갑골문　　　　　그림 4. 사슴의 두개골에 새겨진 갑골문

　갑골에 새겨진 글은 대부분 상나라 왕실에서 조상신, 자연신의 생각을 묻기 위해 점을 친 내용, 점을 친 날짜, 점을 친 사람, 점괘에 대한 판단, 점괘가 실제로 맞았는지의 여부 등을 기록한 것이며, 일부분은 일을 기록한 것이다.

癸卯卜：今日雨？
其自東來雨？
其自南來雨？
其自西來雨？
其自北來雨？

---

1) 갑골문이란 명칭은 1921년 陸懋德(육무덕)이라는 학자에 의해 붙여졌다.

현재까지 모두 16만 여 片(편)의 갑골이 발견되었는데, 그 중 10만 여 편에 문자가 기록되어 있으며, 거기에 새겨진 총 4,600여 자 중 2,000여 자는 해독이 되었고, 나머지는 여전히 알 수 없는 상태이다. 이미 해독된 글자에서 보면 한자가 그림에서 발전해 온 것이 분명하다. 그림에서 필획이 간단한 문자로 변했고, 필획이 간단한 문자에서 진일보하여 대량의 새로운 문자가 만들어졌다.

갑골문은 이미 매우 발달한 문자이기는 하지만 갑골문에는 그림 형태의 문자도 여전히 많다. 대체로 형체가 있어 그릴 수 있는 실물은 대부분 그림으로 표시하였다.

위의 글자들이 나타내는 것은 모두 형체가 있어 그릴 수 있는 실물이다. 이러한 글자는 아직 그림에 가깝기는 하지만 이미 단어를 나타내는 문자로 사용되고 있었다. 필획은 선을 그리는 방식을 사용해서 사람이 보면 무슨 글자인지 알 수 있을 정도로만 사물의 특징을 나타내었지, 그림처럼 그렇게 복잡할 필요는 없었다. 예를 들어 '￥(牛)', '￥(羊)'의 뿔 모양이 다른 것은 쉽게 분별할 수 있다. 이 밖에도 '￥(犬)', '￥(馬)'와 같은 자는 가로로 쓰면 차지하는 자리가 너무 커서 세로로 바꿔 쓴 것으로서, 이는 갑골문자가 이미 그림의 단계를 벗어나, 진정 언어를 기록하는 문자로 변하게 되었음을 설명한다.

언어에서 사용하는 단어가 모두 그릴 수 있는 구체적인 형상을 갖추고 있는 것은 아니다. 이러한 경우 갑골문에서는 숫자와 같이 형상이 없는 문자는 선으로써 표시하였다.

일부 따라서 그릴 실제적인 외형이 없는 추상적인 개념은 상징적으로 나타낼 수밖에 없는데, 갑골문에서는 여러 방식을 사용해 표시하였다.

이러한 글자들은 모두 표의 문자의 일종으로, 점과 그림을 가지고 가리키고자 하는 의미를 나타냈다. '위'와 '아래'라는 개념은 형체가 없다. 따라서 갑골문에서는 'ー'과 'ﾉ'의 위아래를 가지고 사물이 있는 곳의 위치를 상징적으로 나타냈다. '彭(팽)'자의 왼쪽은 鼓[북]이고, 오른쪽 몇 획이 나타내는 것은 북의 소리이다. '暈(훈)'자는 해 주변을 그린 것에 몇 획을 그려 태양 주변에 펼쳐진 빛을 나타냈다. '皂(조)'자를 『說文解字(설문해자)』에서는 "穀之馨香也[곡식의 향기이다]"라고 뜻풀이를 하고 있는데, 갑골문 '皂'는 식기이고, 위에 있는 몇 개의 점은 음식물의 향기를 나타낸다.

사물의 구체적인 모양을 도형으로 나타내는 것 이외에, 행위나 동작에 속하는 단어는 갑골문에서는 또한 그림으로 나타내고 있다.

出, 발(止)이 입구(凵)에서 나가는 것을 나타낸다.

步, 두 발(止)이 앞으로 나아가는 것을 나타낸다.

陟, 두 발(止)이 언덕(阜)을 오르는 것을 나타낸다.

降, 두 발(止)이 언덕(阜)을 언덕을 내려오는 것을 나타낸다.

墮, 한 사람(人)이 언덕(阜)에서 아래로 떨어지는 것을 나타낸다.

立, 한 사람(大)이 땅(一)에 서 있는 것을 나타낸다.

至, 화살(矢)이 땅(一)에 와 닿은 것을 나타낸다.

折, 도끼(斤)로 나무를 쳐 나무(木)가 잘라진 것을 나타낸다.

獲, 손(又)으로 새(隹)를 잡고 있는 것을 나타낸다.

得, 손(又)으로 조개(貝: 돈)를 얻었음을 나타낸다.

爲, 손(又)으로 코끼리(象)를 끄는 것을 나타낸다.

馭, 손(又)으로 말(馬)을 끄는 것을 나타낸다.

牧, 막대기를 잡고 있는 손(攴)으로 소(牛)를 치는 것을 나타낸다.

伐, 창(戈)으로 사람(人)을 베는 것을 나타낸다.

　이러한 글자들은 두 개 혹은 두 개 이상의 형체를 하나로 조합하여 뜻을 나타낸 문자이며, 모두 회화의 형식을 취하고 있다.

　지금까지 예를 들어 살펴본 글자는 모두 도형 혹은 회화의 형식으로 나타낸 것이다. 후에 자형이 篆文(전문), 隷書(예서)로 변하고, 또 다시 楷書(해서)로 변하였지만, 시종 원래의 도형적인 특징은 사라지지도 않았고, 표음 문자로 변하지도 않았다. 그리고 갑골문에서는 위의 세 가지 방법에 의해 만들어진 글자가 전체 글자 수의 70~80%에 가깝다. 그만큼 갑골문의 자형은 그림에 가까웠다는 것이다. 그러나 이러한 방법만으로는 모든 개념을 나타내기에는 부족하여 이미 존재하는 글자의 독음을 빌려서 다른 의미의 글자로 쓰는 가차의 방법도 사용되었다.

문자	의미	가차된 의미
其	키	그(삼인칭)
云	구름	말하다
莫	저녁	아니다, 없다

그런데 이렇게 하나의 글자를 두 가지 이상의 의미로 사용하는 데에는 어느 정도 불편이 뒤따랐다. 그리하여 기존의 글자를 변화시켜 본래의 의미와 가차된 의미를 구별하는 방법도 나타났다. 즉 '云(운)'에서 '雲(운)'을, '其(기)'에서 '箕(기)'를, '莫(막)'에서 '暮(모)'를 새로 만든 것이다. 이러한 방법에 의해 새로 만들어진 글자를 분석해 보면 원래의 글자는 교묘하게도 새로 만들어진 글자의 음과 같다. 즉 원래의 '云(운)'은 '雲(운)'의 소리 부분 역할을 하게 된 것이다. 이러한 방법에서 착안하여 사람들은 구조상 반은 의미를 나타내고, 반은 음을 나타내는 글자를 만들어내게 되었다.

江, 水가 의미를 나타내고, 工이 소리를 나타낸다.
河, 水가 의미를 나타내고, 可가 소리를 나타낸다.

'江(강)', '河(하)'와 같은 글자와 '雲(운)', '箕(기)' 등과 같은 글자의 다른 점은 전자는 처음부터 의미 부분과 소리 부분이 결합하여 만들어졌지만, 후자는 소리 부분이 원래의 글자로서 이들이 다른 의미로 가차되어 사용되자 의미 부분이 첨가되었다는 점이다. 상대의 갑골문 이후 대부분의 글자는 이러한 방법에 의해 만들어져, 秦代(진대)의 小篆(소전)에 이르면 이러한 방법에 의해 만들어진 글자가 전체 한자의 80% 이상을 차지하게 되었다.

한자의 造字(조자) 원리 六書(육서)

東漢(동한)의 許愼(허신)은 9,353개의 한자를 정리하여 『說文解字(설문해자)』를 편찬하였는데 한자가 만들어진 원리를 6가지로 분류하였다. 즉 象形(상형), 指事(지사), 會意(회의), 形聲(형성), 轉注(전주), 假借(가차)를 말하며 이를 六書(육서)라고 한다.

1) 象形(상형)

구체적인 형체가 있는 대상을 그려서 표현하는 방법이다. 비록 아직 그림에 가깝기는 하지만 이미 문자의 단계로서, 사물 형상의 특징을 사람이 보면 무슨 글자인지 알 수 있을 정도로 나타내었다.

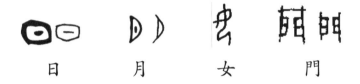

日   月   女   門

2) 指事(지사)

눈에 보이는 대로 그려낼 수 없는 추상적인 개념을 추상적인 선과 점을 이용하여 나타내는 방법이다.

上   下   亦   旦

3) 會意(회의)

이미 만들어져 있는 글자들을 결합하여 새로운 글자를 만들어내는 방법으로 각 글자가 본래 갖는 뜻을 조합하여 새로운 개념을 나타낼 수 있게 된다.

步　　武　　休　　得　　取

4) 形聲(형성)

이미 만들어져 있는 글자들을 조합하되 의미를 나타내는 역할을 하는 부분과 소리를 나타내는 역할을 하는 부분을 결합하는 방법이다.

江　　河　　星　　春

5) 轉注(전주)

전주에 관한 해석은 매우 많아 정설이 없다. 전통적으로는 의미가 같은 다른 글자로써 서로 주거니 받거니 주를 다는 것을 의미한다고 보았다. 東漢(동한) 許愼(허신)의 『說文解字(설문해자)』에서 "考, 老也"라 하며 '考'자의 의미를 해석하고, "老, 考也"라 하며 '老'자의 의미를 해석하고 있는 것을 전주의 예로 보는 것이다.

考　　老

그러나 宋代 鄭樵이후 전주도 글자를 만드는 방법 중의 하나로 보아, 위에서 예로 들었던 원래 '구름'을 나타내는 '云'자가 '말하다'는 의미로 가차해서 사용되자 구름의 원래 의미를 나타내는 '雲'자를 만들고, 원래 '키'를 의미하는 '其'가 삼인칭대명사로 가차되어 사용되자 원래의 의미를 나타내기 위하여 '箕'를 만들고, 또한 '取'의 의미가 남자가 부인을 취한다는 의미로까지 확대되자 그 의미만을 나타내기 위해 '女'를 더하여 '娶'를 만든 방법을 전주로 해석하는 학자들도 있는데, 점점 널리 받아들여지는 견해이다.

6) 假借(가차)

이미 만들어진 글자를 빌려서 다른 말을 나타내는 방법으로, 나타내고자 하는 말은 해당하는 글자가 없어서 소리가 같은 다른 글자를 빌려서 대신하는 방법이다. 許慎(허신)의 『說文解字(설문해자)』에서는 縣令(현령)의 '令'과 縣長의 '長'을 가차의 예로 들고 있으나, 縣令은 명령을 내리는 지위에 있고, 縣長은 나이가 든 사람이 맡는 직위로서, 이들은 의미상 관련이 있기 때문에 가차라고 말하기 어려우며, 아래의 예들이 가차에 해당한다.

東   其   來

가차에 의해 새로운 자형의 한자가 만들어지지는 않았다. 그러나 가차한 의미의 입장에서 보면 새로운 글자가 생겼다고 볼 수 있으므로 가차도 글자를 만드는 특수한 방법이라고 볼 수 있을 것이다. 즉, '오다'의 의미를 가진 한자는 애당초 없었으나, '보리'라는 의미를 가진 '來'를 가차하여 나타냈기 때문에 '오다'의 의미를 가진 한자가 새로이 생겼기 때문이다.

한자 자체의 변천

현재 우리들이 일상적으로 쓰고 있는 네모반듯한 한자 자체를 楷書(해서)라고 하며 혹은 正楷(정해)라고도 한다. 해서는 3~4세기 魏晉(위진) 시대에 처음 형성된 자체이다. 魏晉 시대 이전 殷(은), 商(상)대로부터 秦漢(진한)대에 이르기까지에도 한자의 자체는 큰 변천 과정을 겪었다. 한자 자체의 변천은 주로 세 단계로 나눌 수 있다.

1) 商周(상주)의 고문자에서 秦代(진대)의 小篆(소전)

　상대의 문자는 점을 친 글이나 청동기에 새겨진 銘文(명문)에서 볼 수 있는 것으로 이미 그림이 아닌 필획이 간단해진 일종의 부호였다. 그러나 많은 문자들이 형체와 의미를 나타내는데 있어서 아직 그림의 형식에서 크게 벗어나지 않았다.

　여기에서 '隹(추)', '齒(치)' 두 글자는 모두 상형자이고, '興(흥)'은 네 개의 손이 함께 들고 있는 형상이고, '聖(성)'은 사람이 발돋움하고 서서 멀리 바라보는 형상이다. '竝(병)'은 두 사람이 나란히 서 있는 모습이고, '逐(축)'은 사람이 豕[돼지]를 쫓는 형상이며, '男(남)'은 쟁기를 가지고 밭에서 경작하는 모습이다.

　주대에 이르러 청동기에 새겨진 문자는 갑골문과 매우 가깝지만, 단지 필획이 약간 변하였다. 그리고 칼로 새긴 갑골문과는 달리 주조한 것이기 때문에 필획이 갑골문에 비해 두텁다 (그림 5-1, 2). 아래에서 왼쪽은 갑골문이고 오른쪽은 銅器(동기)에 새겨진 銘文(명문)이다.

그림 5-1. 西周시기 毛公鼎

그림 5-2. 毛公鼎에 새겨진 銘文

춘추전국시기에 이르러 책을 쓰는 도구로 죽간과 비단이 생겨 문자를 새기거나 주조하지 않고 붓으로 쓸 수 있게 되자 문자는 한층 편리하게 보편적으로 쓰이게 되었다(그림 6-1, 2).이 때 각 나라의 문자는 각기 지방마다 특색이 있어 일치하지 않았다. 전국시대 여러 나라 중 서쪽에 위치하였던 秦(진)나라의 문자는 西周(서주)의 문자를 계승하였는데, 그것이 바로 大篆(대전)이라 불리는 문자로 필획이 약간 복잡하였다. 秦나라 때 통칭 石鼓(석고)라 하는 돌에 새긴 문자가 바로 대전이었다(그림 7). 그러나 秦을 제외한 나머지 여섯 나라는 동쪽에 위치하면서 문화도 비교적 발달하였으며 한자의 자형도 진보다는 훨씬 간단하였다. 그리고 이들 여섯 나라 사이에도 문자의 형체가 서로 많이 달랐다. 이들은 진대의 문자 통일정책에 따라 쓰이지 않다가 한대에 와서 발견되어 이후 古文(고문)이라 불리었다. 진나라가 여섯 나라를 멸하고 통일 왕조를 세운 후, 李斯(이사) 등에 의해 제기된 문자통일정책이란 金文 小篆 진시황의 泰山刻石

그림 6-1. 楚簡

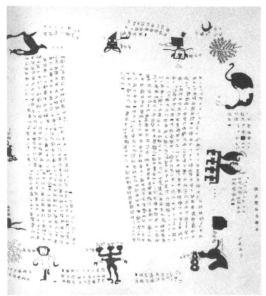

그림 6-2. 楚帛書

그림 7. 石鼓文

에 새겨진 문자와 일치하는 것은 취하고, 일치하지 않는 것은 버리는 방법이었는데, 그 결과 생겨난 자체가 小篆(소전)이다. 소전은 대전에 비하면 자체도 간단하고 구조는 금문에 비해서 훨씬 가지런하게 정리되었고, 쓰는 방법에도 일정한 규범이 있었다. 뿐만 아니라 한 편방을 동일하게 따르는 글자들은 편방의 쓰는 법과 위치 또한 일정하여, 이전의 문자에 비해 상당히 체계적이었다. 예를 들면 '女'를 부수로 하는 글자는 금문에서는 부수인 '女'를 대부분 오른쪽에 썼지만, 때로는 왼쪽에 쓰기도 했는데, 소전에서는 일률적으로 왼쪽에 쓰는 것으로 바뀌었다. '言' 부수도 금문에서는 오른쪽, 왼쪽 모두 썼는데, '許(허)', '諫(간)'처럼 小篆(소전)에서는 일률적으로 왼쪽에 썼다. 또한 금문에서는 '彳'과 '止'를 따르는 글자들은 '彳'은 왼쪽에 쓰고, '止'는 오른쪽 밑에 썼는데, 소전에서는 일률적으로 왼쪽에 합쳐서 쓰게 되어 '辵'이 되었다. 진왕조가 문자를 통일한 결과 나타난 소전은 비록 商·周시대의 문자로부터 발전한 것이기는 하지만 그들에 비해 훨씬 진보적이고 발전된 字體(자체)라 할 수 있다.

2) 秦·漢의 隷書(예서)

예서는 전서가 점차 발전하여 이루어진 것이다. 전국시대의 병기 문자는 이미 간결해지고 있었고 이것이 전수되어 진나라 때 전서와 비슷한 예서가 생기기 시작했는데, 주로 민간에서 사용되었으며, 복잡한 업무를 처리하는 관청에서도 소전을 대신하여 사용되기도 하였다. 한대에 이르러 예서는 끊임없이 발전하여 일상에서 응용하는 자체가 되었다. 예서가 전서와 다른 점은 주로 3가지 면에서 나타난다. 첫째, '辵'부수가 '辶'로, '阜'부수가 'ß'부수로 변하는 등 필획이 간략해졌다. 둘째, 구조 체제가 바뀌었다. 예를 들면, 부수로 쓰이는 '王'과 '玉'은 '王'으로, '肉'과 '月', 일부 '舟'를 모두 '月'로 쓰는 등 여러 개의 부수가 하나로 합쳐졌다. 셋째, 전서의 곡선이 직선이나 네모반듯한 형으로 변하는 등 소전에 비해 훨씬 쓰기 편리하게

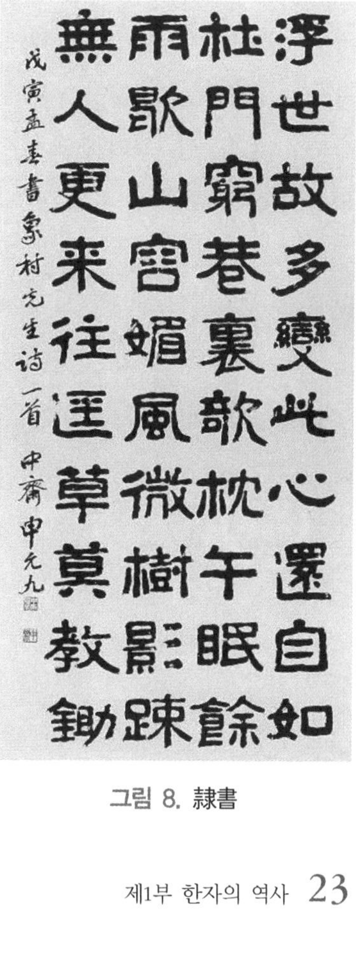

그림 8. 隷書

바뀌었다.

예서의 출현은 한자가 복잡한 것에서 간단하게 변하게 된 일대 변혁이라고 할 수 있다. 전서를 완전히 해체시킨 예서가 등장함으로써 한자는 이제 완전히 그림의 성격을 벗어나 선과 선이 결합하여 어떠한 의미를 나타내는 부호가 되었다. 이와 함께 한자는 더욱 대중화의 길을 걷게 되어 사회생활에서도 더욱 큰 역할을 하게 되었다. 이 때문에 한자는 갑골문에서 소전까지를 古文字(고문자), 예서 이후의 문자를 근대 문자로 구분하며, 소전에서 예서로의 변화를 隸變(예변)이라 부른다. 자체가 지나치게 간단하고 부호화하자 지식층에서는 예서를 보잘 것 없는 것으로 평가하기도 하였지만 漢 武帝(무제) 이후 공식적인 자체로 인정을 받고, 또 東漢(동한) 시기부터는 종이가 이미 대량 생산되어, 문자를 쓰는 것이 더욱 편리해지자 동한 시기에는 예서에 능한 서예가들이 많이 등장하기도 하였다(그림 8).

한대에 예서가 발전하기 시작한 시기에 草書(초서)도 생겼다. 초서는 거칠고 단정하지 못한 예서라 할 수 있다. 漢(한)·魏(위) 시기에 통용된 것은 章草(장초)라 한다. 한말에는 당시까지 유행하던 楷隸書(해례서)를 간략화한 行書(행서)가 생겼고, 東晋(동진) 시기에는 今草(금초)가 생겼다. 이는 실용적인 편리를 위해서 계속 새로운 서체가 출현했다는 것을 충분히 보여준다. 그러나 초서가 추구하는 전체적인 글자의 형체는 예서와 비슷하여, 알아보기 쉽지 않았다. 행서 또한 거친 모양으로 치우쳤으므로 사람들은 楷書(해서)를 중시하게 되었다.

3) 魏晋(위진) 이후의 正楷(정해)

'楷'는 규범적이라는 뜻이다. 한대에 楷隸書(해례서)가 생긴 이후, 위진 시대에 이르러서는 正書(정서)가 생겼다. 정서는 眞書(진서)라고도 부르는데, 이것이 해례서와 다른 점이 있었는데, 필체의 힘은 감소하였고, 필획도 평이하고 완만한 경향을 보였다. 그래서 당대 이후부터 일상생활에서 상용되는 자체가 되었다.

한자 형체의 변천 과정을 총괄적으로 말하자면, 商(상)·周(주) 고문자부터 소전까지가 한 시기이고, 소전에서 예서로 발전한 것이 또 한 시기, 예서에서 해서로 발전한 것이 한 시기라 할 수 있다. 전체적인 추세는 복잡하고 어려운 것에서 간편하고 쉬운 것으로 변한 것이라 할 수 있다.

한자의 구조

한자는 옛날부터 지금까지 모두 네모난 모양의 문자이다. 어떤 것은 더 이상 쪼갤 수 없는 獨體字(독체자)이고, 어떤 것은 두 개 이상의 글자가 하나로 조합된 合體字(합체자)이다. 독체자는 회화적인 성격이 강한 상형자와 지사자에서 비롯되었고, 합체자는 독체자를 기초로 하여 구성된 것으로 회의자와 형성자를 포함한다. 한자 전체에서 독체자는 매우 적고, 합체자가 90% 이상을 차지하며, 합체자 중에서도 형성자가 절대적으로 다수를 차지한다. 이미 있던 두 개의 글자를 하나로 조합하는 형식은 주로 두 가지 인데, 하나는 좌우로 배열하는 형식이고, 하나는 상하로 조합하는 형식이다. 형성자는 의미를 나타내는 형부와 소리를 나타내는 성부로 이루어져 있다. 형부와 성부의 배열 위치는 여섯 가지의 방식이 있다.

① 左形右聲 예) 組, 紅, 語, 提, 伍, 校, 忙, 江, 城, 附, 唱, 鯉
② 左聲右形 예) 放, 和, 鴨, 視, 收, 頸, 翅, 部, 勃, 額, 劑, 救
③ 上形下聲 예) 簡, 花, 室, 草, 定, 覆, 岌, 櫱, 晃, 岑, 星, 露
④ 上聲下形 예) 吾, 常, 裂, 帛, 含, 盟, 婆, 斧, 忽, 摩, 烹, 費
⑤ 外形內聲 예) 匡, 衷, 痕, 病, 廢, 閨, 弼, 街, 圃, 匐
⑥ 外聲內形 예) 聞, 悶, 辦, 問, 贏

맨 처음에는 쓰기의 편리함과 자형의 아름다움을 고려하여 형부와 성부의 위치가 다양하게 달라졌었다. 그러나 후에는 동일한 형부의 글자들은 대부분 동일한 격식을 갖는 형식으로 바뀌었다. 예를 들면: 'イ, 口, 彳, 氵, 火, 木, 扌, 土, 犭, 衤, 糸, 禾, 米, 虫, 酉, 足, 玉, 巾, 礻, 日' 등의 형부, 즉 부수는 일반적으로 모두 좌변에, '力, 攴, 殳, 見, 刂, 戈, 頁, 欠, 瓦, 鳥, 斤' 등의 형부는 모두 우변에, '宀, 穴, 艸, 竹, 雨' 등의 형부는 모두 위에, '皿, 子, 心, 灬' 등의 형부는 모두 아래에 있는 것으로 통일되었다. 이렇게 여러 형부가 자형의 구조에서 차지하고 있는 위치는 겉으로 보기에는 복잡해 보이지만, 실제로는 일정한 규율을 가지고 있다. 이는 글자를 익히고, 또한 글자를 쓰는 두 가지 측면에서 모두 매우 편리하다. 이러한 구조 형식은 진한시기의 전서에서 발전한 예서에 이르러 이미 고정되었다.

글 쓰는 필순도 반드시 왼쪽에서 오른쪽으로, 위에서 아래로, 바깥에서 안으로 향하기 때문에 혼란스럽지가 않다.

한자의 음과 뜻

　하나의 한자는 하나의 음절을 이루며, 하나의 한자는 의미와 음을 가지고 있다. 상고 시대의 중국어에는 단음절로 된 단어도 있었고, 이음절로 이루어진 단어도 있었다. 그러나 단음절인 단어가 대부분이어서 하나의 한자는 바로 하나의 단어였다. 한대 이후 이음절인 단어가 점차 증가하기 시작해, 현대 중국어에 이르러서는 이음절로 구성된 단어 혹은 이음절 이상의 다음절로 구성된 단어가 대부분을 차지하게 되었다. 이렇게 단어는 대부분 두 개 혹은 두 개 이상의 글자를 가지고 나타내므로 글자의 수와 단어의 수는 서로 같을 수가 없다. 그러므로 지금은 하나의 글자가 반드시 하나의 단어라 할 수는 없다. 그것은 단지 하나의 단어를 구성하는 형태소이며, 단어를 구성하는 하나의 음절에 지나지 않는다.

　한자는 비록 음절 문자이지만, 한자 자체로 정확하게 음을 나타낼 수는 없다. 한자 가운데 상형자 혹은 회의자나 지사자, 이를테면 '山, 水, 首, 目, 大, 文, 京, 方, 走'와 같은 글자에는 음이 나타나 있지 않아 자전 등을 통하여 알기 전에는 이 글자들의 음을 알 길이 없다. 또 이것들은 모두 음을 나타내지 않는 글자이다. 또한 의미를 나타내는 형부와 소리를 나타내는 성부가 결합하여 만들어진 형성자 가운데, 소리를 나타내는 부분과 글자의 음이 같은 것은 물론 많지만, '江(강), 河(하), 松(송), 論(론), 資(자), 杜(두), 汗(한)' 등과 같이 소리 부분의 음과 글자의 음이 서로 같지 않은 것도 많이 있다. 소리 부분의 음과 글자의 음이 완전히 다른 것은 어떻게 읽어야 하는지 알기 어렵게 되어 애당초 소리 부분이 담당했던 표음의 역할을 상실하게 된 것이나 마찬가지가 되었다.

　성부의 음과 글자의 음이 같지 않게 된 데에는 대체로 두 가지의 원인이 있다. 하나는 한자의 음이 세월이 흐름에 따라 변하였기 때문이다. 글자가 만들어졌을 당시에는 원래 음이 서로 같았으나, 시대가 변천하면서 한자의 음에도 변화가 생겨 소리 부분의 음과 한자의 음이 달라진 것이다. 가령, '江(강)'은 '工(공)'을 소리로 취하였는데, 옛날 음으로는 '江'과

'工'이 같았지만 지금은 달라졌다. '結(결)'은 '吉(길)'을 소리로 취하였는데, '結'과 '吉'은 옛날 음으로는 같았지만 지금의 음은 다르다. 또 다른 하나의 원인은 애당초 글자를 만들 때, 완전히 같은 음을 가진 글자를 소리 부분으로 취하지 않고 비슷한 음을 가진 글자를 소리 부분으로 취하였기 때문이다. 즉, 처음부터 성부와 그 성부를 소리로 하는 형성자의 음이 달랐기 때문이다. 예를 들면 '浩(호)'는 '告(고)'를 소리로 취하였는데, 이 두 글자의 음은 비슷하였을 뿐이지 똑같지는 않았던 것이다. 그리하여 한자 전체의 80% 이상을 형성자가 차지한다고 해도, 각 글자의 구조에서 보이는 성부와 실제 그 한자의 음이 서로 합치하는 경우는 그보다 훨씬 적어 형성자의 성부의 표음 작용은 이전만큼 그렇게 두드러지지 않게 되었다. 따라서 한자 자체에서 음을 명확하게 알 수 없는 이상, 모든 글자의 음은 자전을 통해서 알 수밖에 없다.

한자의 의미는 크게 본의, 인신의, 가차의 세 가지로 나눌 수 있다. 본의란 글자가 맨 처음 만들어졌을 때 가지고 있던 본래의 의미이다. 예를 들면 '取(취)'자는 '耳[귀]'를 '又[손]'으로 잡고 있는 모양이다. 옛날에는 전쟁에서 승리한 편이 패배한 편의 포로나 전사자의 수를 세기 위해 귀를 잘라 취하였는데, 이 글자는 바로 그것을 형상화하고 있다. 따라서 이 글자의 본의는 '탈취하다' 혹은 '공격해서 함락시키다'이다. 인신의는 본의에서 확대 혹은 파생되어 나온 의미를 가리킨다. 앞에서 들었던 '取'는 '탈취하다'라는 의미에서 확장하여 일반적인 '취하다'의 의미로 확대되어 사용되었고, 나아가 남자가 부인을 취한다는 의미로까지 확대되었다. 따라서 본의에서 확대되고 추가된 모든 의미가 바로 인신의이다. 따라서 인신의는 본의와 의미상 어느 정도 관계가 있다. 가차의는 기존에 존재하는 글자에서 의미는 상관없이 음만을 빌려서 거기에다 부여한 본의와는 전혀 다른 의미를 가리킨다. 예를 들면 '然(연)'이란 글자는 개의 고기를 불로 태우는 것을 형상화한 것으로 그 본의는 '태우다'이다. 그러나 후에 사람들은 이 글자를 본의와는 전혀 상관없는 '그러하다'라는 의미로 쓰고 있는데, 이것이 바로 가차의이다. '그러하다'라는 의미는 있었지만 이것을 나타내는 글자가 없는 상태에서 이 의미에 해당하는 글자를 따로 만들지 않고, 기존에 있는 글자들 중에서 이 의미와 음이 같은 글자인 '然'에다 이 의미를 부여한 것이다. 글자의 수가 많지 않았던 고대에 새로운 글자를 만드는 수고를 하지 않고 기존의 글자를 최대한 이용하여 생긴 인신의와 가차의로 인해 한자의 의미는 그만큼 풍부해졌던 것이다.

또 한 글자가 여러 의미를 지니거나 혹은 한 글자가 몇 개의 단어를 나타냈으므로, 한 글자를 여러 가지 음으로 읽는 현상도 생겼다. 예를 들어 '說'은 '열', '설', '세'의 세 개의 서로 다른 음을 가지고 각기 '기쁘다', '말하다', '유세하다'의 뜻을 나타낸다. 또한 '行'자도 '행'과 '항'이라는 두 개의 음으로 읽히는데, '행'으로 읽을 때에는 '가다'라는 의미를 나타내고, '항'으로 읽을 때에는 '항렬'을 의미한다. 이렇게 한 글자에 여러 의미가 있는 경우가 많은데, 의미와 음을 분별하려면 위아래 문장에 의지해서 판단해야 한다. 이것은 한자의 표음 기능이 충분하지 못한 데에서 비롯된 하나의 특수한 상황이다.

한자의 수

상나라 때에는 상형자, 지사자, 회의자 외에도 형성자와 가차자가 있었다. 상형, 지사, 회의자는 그림과 같아 주로 글자의 형태를 통해 의미를 나타내는 것이고, 형성, 가차는 글자의 음을 통해 의미를 나타내는 것이다. 언어와 보조를 맞추기 위해 음을 나타내는 것은 한자 발전의 필연적인 추세가 되었고, 따라서 周代(주대) 이후 형성자는 글자를 만드는 주체가 되었다. 언어가 사회, 정치, 경제, 문화, 과학의 발전에 따라 단어도 끊임없이 증가하자, 문자 또한 이에 따라 나날이 늘어나 복잡한 문자 체계를 형성하게 되었다.

한자수	사전	기간	년대
3,300	『倉頡篇』『爰歷篇』『博學篇』	秦	221-206BC
9,353	『說文解字』	東漢	100AD
16,917	『玉篇』	梁	543
26,149	『廣韻』	北宋	1011
32,200	『洪武正韻』	明	1375
47,043	『康熙字典』	淸	1716
48,000	『中華大字典』	民國	1916
56,000	『現代漢語大字典』	現在	1986-90

秦代(진대)의 『倉頡(창힐)』, 『博學(박학)』, 『爰歷(원력)』세 편에는 3,300자가 있었던 것으로 전해지고, 한대 揚雄(양웅)이 지은 『訓纂篇(훈찬편)』에는 5,340자가 있다. 동한 許愼(허신)의 『說文解字(설문해자)』에는 9,353자가 수록되어 있다. 이후 한자의 수는 나날이 증가하여, 청대 『康熙字典(강희자전)』에는 47,000여 자, 현재는 56,000여 자에 이른다.

자서에서 문자의 수가 늘어난 것은 서로 다른 시기에 탄생한 문자가 쌓여서 생긴 것이다. 각 시기마다 여러 새로운 단어가 출현하여, 그것에 상응하는 새로운 글자를 만들어야 했으므로, 글자 수는 자연히 증가하였다. 역대 자전에서 새로이 수록된 글자들의 상황은 대체로 다음과 같이 나누어 설명할 수 있다.

① 예로부터 전해 내려온 古文(고문)이다. 예로 『설문해자』에 수록된 것을 보면, '兒'는 '人'의 고문이다. '無'는 '舞'의 고문이다. '禮', '目視'도 각각 '禮'와 '視'의 고문이고, '雱'과 '墜'는 각각 주대의 籍文(주문)에서의 '旁'과 '地'이다.

② 실은 같은 글자이지만 자형이 다른 이체자가 많이 출현하였다. 예로 '鷄'와 '雞', '謣'과 '譑', '呧'와 '詆', '谿'와 '溪', '偪'과 '逼', '詠'과 '咏' 등의 글자는 실제 같은 글자이지만 의미 부분인 形符(형부)가 서로 다르다. '枹'와 '桴', '詢'과 '諏', '胑'와 '肢', '澂'과 '澄' 등의 글자는 실제 같은 글자이지만 소리 부분인 성부가 서로 다르다. 이러한 이체자들이 특히 많다.

③ 민간에서 유행한 손으로 직접 쓴 글자체, 즉 俗體字(속체자)가 매우 많이 출현하였다. 예를 들면 煞(殺), 柒(漆), 弔(弔), 頭(頭), 楞(棱), 泪(淚) 등에서 앞의 글자가 괄호 안 글자의 속체자에 해당한다. 이상의 몇 가지 이체자는 자서에서 매우 큰 비중을 차지한다.

④ 그 다음, 글자를 사용하는 과정에서 편방이 첨가된 글자가 출현하였다. 어떤 것은 속체자와 같은 종류에 속한다. 예를 들면 '棟樑'의 '樑', '과일'이라는 의미의 '菓'는 원래 '梁', '果'로 썼는데, 후에 의미 부분이 첨가되어 생겨난 글자들로서 지금은 거의 사용되지 않는다. 그러나 일부 글자는 원래의 의미와는 다른 의미로 쓰여, 원래 만들어진 글자의 의미와 전혀 무관하게 되었기 때문에, 다시 원래의 글자에 의미 부분을 더하여 원래의 의미를 나타내게 하였다. 가령 ☵(莫)'의 자형은 해가 지는 모습을 그린 것으로 원래 의미는 '저녁'이었는데, 후에 '莫'이 원래의 의미와 전혀 상관이 없는 '없다[無]'라는 의미로 쓰이자 '莫'에다 '日'을 다시 첨가하여 '暮(모)'자를 만들어 원래

의 의미를 나타내게 하였다. '暴(폭)'의 본의는 '쬐다[曬]'인데, '暴'이 '포악하다'의 의미로 쓰이게 되어서 다시 '日'을 첨가하여 '曝(폭)'을 만들었다. '須(수)'의 본의는 '수염'인데, '須'가 '반드시'의 의미로 쓰이게 되어 '鬚(수)'를 만들었다. '韋(위)'의 본의는 '둘러싸다'인데, 후에 '韋'가 '가죽[皮革]'의 의미로 쓰이게 되자 다시 '圍(위)'자를 만들었다. '然(연)'은 본래의 의미가 '태우다'인데, '이와 같다'의 의미로 쓰이게 되어 '燃(연)'을 만들었다. 이러한 예들은 원래의 글자가 주로 가차의를 나타내는 것으로 사용되자 원래의 의미를 되찾기 위해 만들어진 글자이다. 또한 어떤 글자의 의미가 인신되어서, 원래의 의미보다는 인신의를 나타내게 되자 다시 의미 부분을 더하거나 혹은 원래 의미에 맞는 다른 글자를 만든 경우도 있다. 가령 '監(감)'의 본의는 사람이 몸을 물을 향해 숙여서 자신을 비춰 보는 것인데, 인신되어 '감찰하다[監察]', '감독하다[監督]' 등의 의미로 되어, 원래의 의미는 사용하지 않게 되자 '鑑(감)'자를 만들었다. '益(익)'의 본의는 물이 그릇에서 넘치는 것인데, 인신되어 '증가하다', '유리하다' 등의 의미가 되어 본래의 의미로 쓰이지 않게 되자, '溢(일)'을 만들었다. '原(원)'자의 본의는 물의 근원인데, 인신되어 '원시', '본래' 등의 의미가 생기자 본의는 쓰이지 않게 되어 '源(원)'자를 새로 만들었다. 『說文解字』 이후 『康熙字典』에 이르는 동안 새롭게 만들어진 글자들은 대부분 이 방법에 의해 만들어진 것이다.

그 밖에 한자 발전 과정 중 의미를 세분하기 위하여 의미도 가깝고 음도 같거나 비슷한 글자가 탄생하기도 하였다. 예를 들어 '受(수)'는 원래 '받다'와 '주다'의 의미로 다 쓰였는데, 후에 다른 사람에게 준다는 의미를 나타내기 위해 따로 '授(수)'를 만들었다. '買(매)'는 '사다'라는 의미와 '팔다'의 의미로 다 쓰였는데, 후에 '팔다'라는 의미를 나타내기 위해 '賣(매)'를 따로 만들었다. '知(지)'는 '알다', '명백하다'의 의미인데, 총명하고 지식이 있다는 의미를 나타내기 위해 따로 '智(지)'자를 만들었다.

이러한 측면에서 본다면 한자의 수가 많아진 까닭은 우선 서로 다른 시대에 새로운 단어가 늘어나, 새로운 글자가 그것에 상응해야 했기 때문이고, 또 다른 방면으로는 대량의 이체자, 속체자가 출현하였고, 또 이미 있는 글자에 의미 부분을 새로이 첨가하는 방법으로 새로운 의미를 표현하는 글자들이 많이 생겨났기 때문이다. 그리하여 한대 이후의 자서에서는 글자가 날로 증가하게 된 것이다. 그러나 실제로 일상적으로 사용하는 글자는 6, 7천 여 자에 불과할 뿐이다.

자형의 簡略化(간략화)

한자는 표의 문자로서의 여러 가지 장점을 가지고 있음에도 불구하고 배우고 사용하기가 너무 어렵다는 단점도 지니고 있다. 1800년대 중반 아편전쟁에서 패한 중국은 여러 가지 패인 중 하나로 당시 국민들의 문맹률이 높았기 때문이라 간주하고 이렇게 어려운 한자의 서사 체계는 중국의 현대화 과정에 큰 장애가 된다고 생각하였다. 실제 한 연구에 의하면 표음 문자를 사용하는 나라의 사람들이 글자를 읽고 쓸 수 있게 되는 데에는 3~4개월 동안 의 집중적인 학습이 필요하지만, 표의 문자인 한자를 사용하는 중국인들은 평균적으로 표 음 문자를 사용하는 사람들보다 2년이 더 걸리는 것으로 추정된다고 한다. 그리고 1950년 대 이전 중국의 문맹률은 90%에 이르렀었다는 통계도 있다. 물론 예로부터 한자를 간략하 게 쓴 약자가 민간에서 많이 유행하고 사용되어 왔지만 1949년 중화인민공화국이 건국된 이후 정책적으로 한자를 간략화하기 시작하였다.

1956년 中國文字改革委員會(중국문자개혁위원회, 현재는 國家語言文字工作委員會)는 전통적으로 사용해 오던 한자를 간략하게 만들기 시작하여, 1964년 공포된 『簡化字總表 (간화자총표)』는 간화된 글자 2,236자를 국무원의 비준을 거쳐 중국의 표준 자형으로 공포 하였다. 중국에서는 이렇게 간단하게 만든 한자를 簡化字(간화자) 혹은 簡體字(간체자)라 부른다. 이들은 이전부터 쓰여 오던 간략화 된 여러 자형을 기초로 하여, 한층 더 정리하고 개선한 것이다. 아울러 초서와 행서의 자형을 받아들이기도 하는 등 쓰기에 편하도록 하였 다. 간략화한 방법은 대체로 다음과 같다.

① 古字(고자)를 채용하였다.
　　예) 从(從), 众(衆), 礼(禮), 无(無)
② 草書(초서)를 楷書(해서)로 고쳤다.

예) 专(專), 东(東), 汤(湯), 乐(樂), 当(當), 买(買), 农(農), 孙(孫)

③ 필획을 간단히 줄였다
　　예) 鱼(魚), 单(單), 变(變), 冲(沖), 劳(勞), 庄(莊), 烛(莊), 伤(傷)

④ 간단한 부호로 글자의 일부분을 대신하였다.
　　예) 观(觀), 戏(戲), 邓(鄧), 区(區), 岁(歲), 罗(羅), 刘(劉), 齐(齊)

⑤ 글자의 일부분을 취하였다.
　　예) 习(習), 县(縣), 务(務), 雾(霧), 条(條), 广(廣), 医(醫)

⑥ 동음자로 대신하였다.
　　예) 几(幾), 后(後), 系(繫), 响(嚮), 筑(築)

⑦ 성부를 바꾸어 복잡한 것을 피해 간단히 하였다.
　　예) 钟(鍾), 辽(遼), 迁(遷), 邮(郵), 阶(階), 运(運), 远(遠), 扰(擾), 犹(猶)

제**2**부

한문의 구조와 문장 유형

한문의 결합구조

1. 聯合構造(결합구조)

　　연합구조는 2개 이상의 서로 대등한 관계를 이루는 詞(사)나 句(구)가 결합한 구조를 말한다. 竝列構造(병렬구조)라고도 한다.

夫婦.　　　　　　　高低.

天地人.　　　　　　春夏秋冬.

興亡盛衰.　　　　　喜怒哀樂.

仁與義.　　　　　　兄弟及姊妹.

重且大.　　　　　　貴五穀而賤金玉.

　　※ 연합구조에는 連詞(연사) '與', '及', '且', '而' 등이 쓰이기도 하는데, 일반적으로 '與'와 '及'은 名詞, 代詞, 名詞性 句의 결합에, '且'와 '而'는 形容詞, 動詞, 動詞性 句의 결합에 쓰인다.

2. 偏正構造(편정구조)

　　편정구조는 2개의 詞나 句 등이 하나는 中心語(중심어)가 되고 다른 하나는 附加語(부가어)가 되어 부가적 관계나 수식적, 주종적인 관계를 이루는 구조를 말한다. 어순은 일반적으로 附加語[偏]가 앞에, 中心語[正]가 뒤에 위치한다.

大海.　　　　　　　清風.

白眼視.　　　　　　背水陣.

文房四友.

金蘭之交.　　　　　累卵之危.

中道而廢.　　　　　終日而思.

3. 動賓構造(동빈구조)

동빈구조는 동사와 그 賓語(빈어)가 결합된 구조를 말한다. 어순은 원칙적으로 빈어가 동사의 뒤에 위치한다.

登山.　　　　　食言.
破天荒.　　　　登龍門.
教民耕種.　　　命臣修高麗史.
有終身之憂,　　無一朝之患.

4. 介詞構造(개사구조)

개사구조는 介詞(개사)와 介詞賓語(개사빈어)가 결합된 구조를 말한다. 어순은 원칙적으로 개사빈어가 개사의 뒤에 위치한다.

止於至善.　　苛政猛於虎.　　傷於矢.
以心傳心.　　事君以忠.　　　與朋友交.

5. 主謂構造(주위구조)

주위구조는 주어와 謂語[즉 述語]로 결합된 구조를 말한다. 어순은 원칙적으로 위어가 主語(주어) 뒤에 위치한다. 主述構造(주술구조)라고도 한다.

山青.　　　　雪白.
天長地久.　　表裏不同.
月徘徊.　　　清風徐來.
君子之言,　　寡而實.

한문의 문장유형

1. 否定形(부정형)

　부정형은 부정하는 뜻을 나타내는 문장 형태로 반드시 부정사를 사용한다. 부정사에는 '不', '弗', '毋', '勿', '末', '非', '無', '莫' 등이 있다.

> 公弗許. (『左傳』「隱公元年」)
> 玉不琢, 不成器, 人不學, 不知道. (『禮記』「樂記」)
> 己所不欲, 勿施於人. (『論語』「衛靈公」)
> 未聞好學者也. (『論語』「雍也」)
> 人無遠慮, 必有近憂. (『論語』「衛靈公」)
> 吾楯之堅, 莫能陷也. (『韓非子』「難一」)

　·부정사 2개를 겹쳐서 사용한 이중 부정은 긍정을 강조한다.

> 非禮勿視, 非禮勿聽, 非禮勿言, 非禮勿動. (『論語』「顏淵」)
> 小人閒居爲不善無所不至. (『大學』)

　·부정사가 부사의 앞에 위치하여 일부만 부정하는 것을 부분 부정이라 한다. 이 경우 부정사와 부사의 위치가 도치되면 전체 부정이 된다.

> 千里馬常有, 而伯樂不常有. (『韓愈』「雜說」)
> 仁者必有勇, 勇者不必有仁. (『論語』「憲問」)

2. 疑問形(의문형)·反語形(반어형)

　의문형은 의문의 뜻을 나타내는 문장 형태이다.

1) 의문사 '誰', '孰', '何', '安', '惡', '焉', '胡', '奚', '曷' 등을 사용하는 경우

　　　子行三軍則誰與? (『論語』「述而」)
　　　孰爲夫子? (『論語』「微子」)
　　　客何好? (『戰國策』「趙策」)
　　　君子去仁, 惡乎成名? (『論語』「里仁」)
　　　沛公安在? (『史記』「項羽本紀」)

2) 語末(어말)에 의문을 나타내는 語氣詞(어기사) '乎', '與', '歟', '邪', '耶', '諸' 등을 사용하는 경우

　　　子見夫子乎? (『論語』「微子」)
　　　管仲非仁者與? (『論語』「憲問」)

3) 위의 두 가지를 겸용하는 경우

　　　是誰之過與? (『論語』「季氏」)

　　反語形은 語勢(어세)를 강조하기 위하여 疑問形을 빌어 반문하는 뜻을 나타내는 문장 형태이다. 형태는 의문형과 같으나 의미상으로는 긍정문과 같다. 반어형과 의문형은 외형상 거의 구별이 되지 않으며, 문맥 차원에서 의미상으로 구별해야 한다. 일반적으로 반어형에는 부정사나 反問副詞(반문부사) '豈', '獨', '寧', '庸' 등이 자주 쓰인다.

　　　吾何愛一牛? (『孟子』「梁惠王上」)
　　　有朋自遠方來, 不亦樂乎? (『論語』「學而」)
　　　公豈敢入乎? (『史記』「項羽本紀」)
　　　相如雖駑, 獨畏廉將軍哉? (『史記』「廉頗藺相如列傳」)

3. 比較形(비교형)

비교형은 비교를 통해 상태나 성질의 정도나 優劣(우열)을 나타내는 문장 형태이다.

  1) 介詞(개사) '於', '于', '乎' 뒤에 비교의 대상을 쓰는 경우

      青取之於藍, 而青於藍. (『荀子』「勸學」)

  2) '不如', '不若'을 쓰는 경우, 우리말로는 '만 못하다' 로 해석된다.

      知之者, 不如好之者, 好之者, 不如樂之者. (『論語』「雍也」)

  3) '莫'을 '於', '乎' 등의 개사나 '如', '若'과 같이 쓰는 경우, 우리말로는 '…보다 ~ 한 것이 없다'로 해석된다.

      莫見乎隱, 莫顯乎微. (『中庸』)
      知子莫若父. (『管子』)

4. 使役形(사역형)

사역형이란 주동자가 대상으로 하여금 어떤 동작을 하도록 하는 뜻을 나타내는 문장 형태이다. 使役(사역)의 뜻을 지닌 동사 '使', '令', '遣', '敎', '俾' 등을 사용하여 사역형을 만드는 것이 일반적이다. 이외에 '命', '勸', '助', '屬' 등의 동사도 의미상 사역의 뜻을 가지게 한다.

      使民不得衣食. (『孟子』「滕文公章句」下)
      五色令人目盲, 五音令人耳聾. (『老子』十二章)
      遣蘇武使匈奴 (『十八史略』)
      不敎胡馬度陰山. (王昌齡「出塞」)
      孫權將呂蒙, 初不學, 權勸蒙讀書 .(『十八史略』)
      予助苗長. (『孟子』「公孫丑」上)

5. 被動形(피동형)

피동형이란 문장의 주어가 다른 주동자에 의하여 어떤 동작을 당하게 되는 뜻을 나타내는 문장 형태이다.

1) '見', '爲', '被'를 사용하는 경우

> 父母宗族, 皆爲戮沒. (『戰國策』「燕策」)
> 國一日被攻, 雖欲事秦, 不可得也. (『戰國策』「齊策」)

2) 동사 뒤에 행위의 주동자를 나타내는 介詞構造(於, 于, 乎)를 사용하는 경우

> 東敗於齊, 長子死焉, 西喪地於秦七百里, 南辱於楚. (『孟子』「梁惠王」上)
> 不信乎朋友, 不獲於上矣. (『中庸』)

3) '見', '爲'와 '於', '乎', '于'가 함께 사용되는 경우

> (『史記』「伍子胥列傳」)

4) 爲…所~ : …에 의해 ~되다(당하다)

> 太祖爲流矢所中. (『三國志』「魏志·太祖紀」)

6. 假定形(가정형)

가정형이란 어떤 조건을 먼저 가정하여 예상되는 결과를 서술하는 문장 형태이다.

1) 가정의 뜻을 나타내는 連詞 '若', '如', '苟', '使', '儻', '若使', '如使', '假使', '假令' 등을 쓰는 경우, 우리말로 '만약 ~한다면', '가령 ~한다면'이라고 해석된다. 이때 뒤에 따라오는 절에 '則' 자가 호응하여 쓰이는 경우가 많다.

> 王如知此, 則無望民之多於鄰國也. (『孟子』「梁惠王」上)
> 苟非吾之所有, 雖一毫而莫取. (蘇軾「赤壁賦」)
> 使我有洛陽負郭之田二頃, 豈能佩六國相印乎? (『十八史略』)

2) '雖', '縱'은 '비록 ~일지라도', '설령 ~한다 하더라도' 로 해석된다.

縱彼不言, 籍獨不愧於心乎? (『史記』 「項羽本紀」)
雖有嘉肴, 弗食不知其旨也. (『禮記』 「學記」)

3) '微'는 '만약 ~이 없다면', 혹은 '설령 ~이 없다 하더라도', '설령 ~이 아니라 하더라도'
의 뜻으로 해석된다.

微管仲吾其被髮左衽矣. (『論語』 「憲問」)
微子之言, 吾亦疑之. (『史記』 「伍子胥列傳」)

7. 選擇形(선택형)

선택형이란 두 가지를 비교해서 그 중 나은 것을 선택하겠다는 뜻을 나타내는 문장 형태
이다. 일종의 비교형이라고 볼 수도 있다.

1) '與…寧~'이나 '與…不如~'의 형태를 취하는 경우, 우리말로는 '…하는 것 보다
차라리~하는 것이 낫다', '…하는 것이 ~하는 것만 못하다'라고 해석된다. 이
때 '與' 대신 '與其', '寧' 대신 '無寧', '不如' 대신 '不若', '豈若', '孰若'이 쓰이기도
하며, 의미는 거의 같다.

禮與其奢也, 寧儉. (『論語』 「八佾」)
與其有樂於身, 孰若無憂於其心? (韓愈 「送李愿歸盤谷序」)

2) '孰與', '孰若', '寧'이 단독으로 쓰이는 경우.

不伐賊, 王業亦亡, 惟坐而待亡, 孰與伐之? (諸葛亮 「後出師表」)
寧爲鷄口, 無爲牛後. (『戰國策』 「韓策」)

8. 限定形(한정형)

한정형이란 사물이나 행위의 범위나 정도를 한정하는 뜻을 나타내는 문장 형태이다.

1) '唯', '惟', '但', '獨', '特', '徒', '只', '直' 등 한정의 뜻을 가진 부사를 사용하는 경우

今獨臣有船. (『史記』「項羽本紀」)

空山不見人, 但聞人語響. (王維「鹿柴」)

2) 語末에 '耳', '已', '爾', '而已', '也已', '耳矣', '而已矣' 등의 語氣助詞(어기조사)를 쓰는 경우

夫子之道, 忠恕而已. (『論語』「里仁」)

昭帝立時, 年五歲爾. (『史記』「外戚世家」)

3) 위의 두 가지를 겸용하는 경우

直不百步耳, 是亦走也. (『孟子』「梁惠王上」)

9. 累加形(누가형)

누가형이란 '~할 뿐만 아니라, …하기도 하다'의 뜻을 나타내는 형태를 말한다.

1) '不', '非'와 같은 부정사가 한정의 뜻을 지니는 부사와 함께 쓰이는 경우

非獨賢者有是心也, 人皆有之. (『孟子』「告子上」)

非徒危己也, 又且危父矣. (『韓非子』「外儲說左」下)

2) '豈', '安'과 같은 의문사가 한정의 뜻을 갖는 부사와 함께 쓰이는 경우

王如用予, 則豈徒齊民安? 天下之民擧安. (『孟子』「公孫丑」下)

所盜者, 豈獨其國耶? (『莊子』「胠篋」)

10. 抑揚形(억양형)

억양형이란 文意(문의)를 강조하기 위해 서술하고자 하는 것을 잠시 놓아두고, 정도가

낮은 것을 먼저 서술한 다음 나중에 그것을 서술하는 문장 형태를 말한다. 대개 '況', '矧', '況乎', '況於', '而況', '何況' 등의 連詞(연사)가 뒤의 節(절)에 쓰인다.

> 布衣之交, 尚不相欺, 況大國乎?
>
> 天子不召師, 而況諸侯乎? (『孟子』「萬章」上)
>
> 庸人尚羞之, 況於將相乎? (『史記』「廉頗藺相如列傳」)

11. 感歎形(감탄형)

감탄형이란 찬미, 증오, 환희, 비애 등의 감정을 표현하는 문장 형태이다.

1) 감탄사 '嗚呼', '嗟', '嗟乎', '嗟哉', '嗟夫', '噫', '惡' 등을 사용하는 경우

> 嗟乎! 燕雀安知鴻鵠之志哉? (『史記』「陳涉世家」)
>
> 噫! 菊之愛, 陶後鮮有聞. (周敦頤「愛蓮說」)

2) 감탄을 나타내는 語氣詞 '哉', '與', '乎', '夫', '矣', '兮', '耶' 등을 사용하는 경우.

> 甚矣! 吾衰也. 久矣! 吾不復夢見周公. (『論語』「述而」)

12. 倒置形(도치형)

도치형이란 어순의 전후를 바꾼 문장 형태이다.

1) 賓語(빈어)의 前置(전치)
· 빈어가 의문대사일 경우 動詞나 介詞 앞으로 도치된다.

> 吾誰欺? 欺天乎? (『論語』「子罕」)
>
> 學惡乎始, 惡乎終? (『荀子』「勸學」)
>
> 王誰與爲善? (『孟子』「滕文公」下)

· '不', '毋', '未', '莫' 등의 부정사를 사용한 부정문에서 빈어가 代詞이면 빈어는 일반
   적으로 동사 앞으로 도치된다.

> 我無爾詐, 爾無我虞. (『左傳』「宣公十五年」)

· 빈어를 강조하기 위하여 빈어를 前置할 경우 '之' 혹은 '是' 자를 빈어와 동사
   (혹은 개사) 사이에 써서 도치를 표시해준다.

> 舍其舊而新是謀. (『左傳』「僖公二十八年」)
> 前世不同敎, 何古之法? (『商君書』「更法」)
> 晉居深山, 戎狄之與隣. (『左傳』「僖公十五年」)

· '自'가 빈어로 쓰일 경우에는 동사(혹은 介詞) 앞에 놓인다.

> 遣人入六國後, 自爲樹黨, 爲秦益敵也. (『史記』「張耳列傳」)

· 개사 '以'의 빈어는 종종 前置된다.

> 楚戰士無不一以當十. (『史記』「項羽本紀」)
> 其有不合者, 仰而思之, 夜以繼日. (『孟子』「離婁」下)

2) 감탄이나 의문을 강조하기 위하여 주어와 술어의 위치를 도치한다.

> 賢哉, 回也! (『論語』「雍也」)
> 誰歟, 哭者? (『禮記』「檀弓」)
> 亦太甚矣, 先生之言也! (『史記』「魯仲連列傳」)

제**3**부

고사성어

1. 고사성어와 고대 사상

 一以貫之일이관지

子曰, "甚矣, 吾衰也! 久矣, 吾不復¹⁾夢見周公²⁾!" (『論語』「述而(술이)」)

子曰, "大哉, 堯之爲君也! 巍巍乎³⁾, 唯天爲大, 唯堯則之⁴⁾. 蕩蕩乎⁵⁾,
民無能名焉⁶⁾! 巍巍乎, 其有成功也! 煥乎⁷⁾, 其有文章⁸⁾!" (「泰伯
(태백)」)

子曰, "賜⁹⁾也, 女以予爲多學而識之者與?¹⁰⁾" 對曰, "然. 非與?" 曰, "非
也. 予一以貫之." (「衛靈公(위령공)」)

子曰, "參¹¹⁾乎, 吾道一以貫之." 曾子曰, "唯¹²⁾." 子出門, 人問曰, "何謂
也?" 曾子曰, "夫子之道, 忠恕而已矣." (「里仁(이인)」)

子曰, "述而不作, 信而好古, 竊¹³⁾比於我老彭¹⁴⁾." (「述而(술이)」)

---

1) 復(부): '다시, 재차'의 뜻으로 '부'로 읽어야 함.
2) 周公(주공): 周文王(주문왕)의 아들이며 武王(무왕)의 동생. 무왕을 도와 殷(은)의 紂王(주왕)을 쳐서
   주 왕조를 세우고 魯(노)에 봉해졌음. 공자는 그를 이상적인 인물로 추앙하여 성인의 한 사람으로 받들
   었다.
3) 巍巍乎: 높고 크도다.
4) 唯堯則之: 오로지 요임금만이 그것을 본받았다. 則(칙)은 法則(법칙)으로 삼다.
5) 蕩蕩乎: 넓고 아득하도다.
6) 名(명): 동사로서 '이름붙이다', '말로 표현하다'의 의미.
7) 煥乎: 빛나도다. 찬란하도다.
8) 文章(문장): 문화. 文物制度(문물제도).
9) 賜(사): 子貢(자공)의 이름.
10) 女(여): 汝[이인칭대명사].
11) 參(삼): 曾子(증자)의 이름.
12) 唯(유): 예. 남의 부름에 응답하는 감탄사.
13) 竊(절): 몰래, 마음속으로

子曰, "溫故而知新, 可以爲師矣." (「爲政(위정)」)

子曰, "吾十有五而志¹⁵⁾於學, 三十而立, 四十而不惑, 五十而知天命, 六十而耳順, 七十而從心所欲不踰矩¹⁶⁾." (「爲政(위정)」)

♣ 설명

1) 甚矣, 吾衰也! 久矣, 吾不復夢見周公!

· 矣와 也: 감탄을 나타내는 어기조사. 또한 감탄을 강조하기 위하여 주어와 술어의 위치가 도치되었다.

· 不復: 다시는 ~하지 못하다.

2) 大哉, 堯之爲君也!

· 哉와 也: 감탄을 나타내는 어기조사.

· 之는 주어[堯]와 술어[爲君]사이에 놓여서 주술구조가 구나 절이 되게 한다.

3) 蕩蕩乎, 民無能名焉!

· 乎: 감탄을 나타냄.

· 無: 不과 같이 부정을 나타낸다.

4) 女以予爲多學而識之者與?

· 與: 歟와 같은 것으로 의문을 나타내는 조사.

· 以 A 爲 B: A를 B로 여기다.

5) 予一以貫之

· 一以貫之: 처음부터 끝까지 하나로써 관통하다. 전치사 '以'의 목적어는 주로 앞으로 도치됨. '之'는 일반적인 사실, 사물, 사람을 가리키는 대사.

---

14) 我老彭: 우리 노팽. 노팽이 누구냐에 대해서는 은나라의 대부로 옛날이야기 하기를 즐겼다는 노팽이라는 설, 공자가 예에 관하여 질문했다는 老聃(노담) 즉 노자라는 설, 노자와 彭祖(팽조) 두 사람을 가리킨다는 설 등이 있다.

15) 志(지): '지향하다, 뜻을 두다'라는 뜻의 동사.

16) 矩(구): 법칙, 법도

6) 何謂也?

　　· 의문사가 빈어인 경우 동사 앞으로 도치된다. 그리고 의문조사 '乎'를 쓰지 않고 '也'를 쓰는 경우가 많다.

7) 忠恕而已矣

　　· 而已矣: '~일 뿐이다'의 뜻으로 한정을 나타내는 어기조사.

8) 述而不作, 信而好古

　　· 而: 가장 많이 쓰이는 연결사로 병렬, 순접, 역접, 수식 관계 등을 나타낸다. 여기서는 순접 관계를 나타냄.

9) 可以爲師矣

　　· 可以: '~할 수 있다, ~해도 좋다'라는 뜻의 조동사.

　　· 矣: 필연의 결과를 표시한다.

10) 竊比於我老彭

　　· 於: 대상을 나타내는 전치사.

11) 吾十有五而志於學

　　· 有: '~와, 그리고, 또'의 뜻으로 '又'와 같다.

　　· 而: 순접 관계를 나타냄.

12) 心所欲

　　· 所: '~하는 바, ~하는 것' 주어와 술어 사이에 쓰여 주술구조를 명사구로 만들어 준다.

※ 孔子(공자): B.C.551~B.C.479. 춘추 시대 후기 魯(노)나라 사람이며 이름은 丘(구), 자는 仲尼(중니)이다. 공자는 魯나라의 대신이 되었지만 실권자와 의견이 맞지 않아 벼슬을 버리고, 각국으로 돌아다니며 제후들에게 治國(치국)의 道(도)를 전파했으나 뜻한 바를 이루지 못하였다. 儒家(유가)의 비조로 仁(인)을 이상의 도덕으로 여겼으며 인을 실천하는 방법으로 孝悌(효제)와 忠恕(충서)를 강조하였다. 『史記(사기)·孔子世家(공자세가)』에 그에 관한 기록이 있다.

※ 『論語(논어)』: 유가 경전인 四書(사서)의 하나이다. 공자의 가르침을 전하는 문헌으로

공자의 발언과 행적, 공자와 제자와의 문답, 공자와 당시 사람들과의 대화가 기록된 어록 모음집이다.

♣ 단어 활용
貫 : 一貫性 貫通 本貫 貫徹
衰 : 衰弱 衰減 衰頹 興亡盛衰
溫 : 氣溫 溫室 溫柔 三寒四溫

梁惠王[1]曰, "寡人之於國也, 盡心焉耳矣. 河內[2]凶, 則移其民於河
東[3], 移其粟於河內. 河東凶亦然. 察鄰國之政, 無如寡人之用心者.
鄰國之民不加少, 寡人之民不加多, 何也?" 孟子對曰, "王好戰, 請以
戰喩. 塡然鼓之[4], 兵刃旣接[5], 棄甲曳兵而走. 或百步而後止[6], 或五
十步而後止. 以五十步笑百步, 則何如[7]?" 曰, "不可, 直[8]不百步耳, 是
亦走也." 曰, "王如知此, 則無望民之多於鄰國也."

『孟子(맹자)』「梁惠王(양혜왕)」上

♣ 설명

1) 寡人之於國也

 · 절의 주어와 술어 사이에 之자를 쓰면 주술구조로 하여금 독립성을 잃고 명사구 또
   는 절이 되게 한다.

 · 於: 대상을 나타내어 '~에 대하여, ~에 있어서'의 뜻.

 · 也: 문장 중간에 사용되어 어기를 잠시 늦추는 기능을 한다.

----

1) 梁惠王(양혜왕): 전국시대 魏(위)나라의 임금이었던 魏罃(위앵). 惠(혜)는 諡號(시호). 당시 위나라의
   수도가 지금의 河南省(하남성) 開封(개봉)인 大梁(대량)이었으므로 魏나라를 梁이라 부르기도 했다.
2) 河內: 魏나라의 領有地(영유지), 지금의 河南省의 黃河(황하) 이북 지역.
3) 河東: 魏나라의 領有地, 山西省(산서성) 경내의 黃河 이동 지역.
4) 塡然: 塡(전)은 북소리의 의성어. 然(연)은 의성어, 의태어에 쓰이는 詞尾. 鼓(고): 동사로서 '북을 치다'
   의 뜻.
5) 兵刃旣接(병인기접): 병기의 날이 이미 닿다. 短兵接戰(단병접전)이 벌어졌음을 말함.
6) 或(혹): 或者, 或人. 步(보): 古代 거리의 단위로 一步는 六尺(척).
7) 何如(하여): 어떠하다.
8) 直(직): 다만, 단지

2) 盡心焉耳矣

　・焉: 의미상 於之에 해당함. 여기서는 '於國'과 같다.

　・耳矣: '~할 뿐이다'의 뜻으로 한정의 어기를 나타낸다.

3) 則移其民於河東

　・則: 조건(전제)과 결과를 연결하는 기능을 한다.

　・於: '~로, ~까지'의 뜻으로 장소를 나타냄

4) 塡然鼓之

　・之: 형식상 鼓의 빈어처럼 보이나 그렇지 않으며 이처럼 자동사 다음에 之가 쓰이는 경우가 있다.

5) 王如知此, 則無望民之多於鄰國也

　・如: '만약 ~한다면'의 뜻으로 가정을 나타내며 '則'과 호응하여 쓰이는 경우가 많다.

　・無: '~하지 말라'의 뜻으로 쓰여 금지를 나타낸다. '毋'와 같다.

　・於: '~보다'의 뜻으로 비교를 나타냄.

※ 孟子(맹자): B.C.372~B.C.289. 戰國時代(전국시대) 사상가로 이름은 軻, 字는 子輿(혹은 子車)이며 鄒(추)나라 사람이다. 德治(덕치)와 爲民政治(위민정치)를 역설하였으나 제후들에게 등용되지 못하였다. 평생을 講學(강학)과 著述(저술)로 보내며 性善說(성선설)을 제창하고 王道政治思想(왕도정치사상)을 폈다.

※ 『孟子(맹자)』: 孟子의 著作. 『孟子』는 儒家(유가)의 經傳(경전)인 '四書' 중 하나로 先秦(선진)시대 諸子(제자)산문의 하나이다. 『漢書(한서)』 「藝文志(예문지)」에는 11편으로 기록되어 있는데, 현재는 內書(내서) 7편만 남아 있고, 外書(외서) 4편은 망실되었다. 『孟子』는 孟子의 정치 학설과 철학 사상, 인성 수양론을 포괄하고 있다. 그 학설의 핵심은 '인의 정치[仁政]'를 제창하는 것으로, "형벌을 줄이고 세금을 적게 거두어들이는 것[省刑薄斂]"을 강조하고 井田法(정전법) 회복을 주장하며, "늙은이는 봉양을 받고 어린이는 교육을 받고[老有所養, 幼有所敎]", "백성이 굶주리지 않고 추위에 떨지 않는[黎民不飢不寒]" 이상 사회를 실현하고자 하였다. 또 "백성이 귀하고 군

왕은 가벼우며[民貴君輕]” “백성을 보호하여 왕 노릇 하는 것[保民而王]”을 주장하여 불의한 전쟁에 반대하는 동시에 “마음을 수고롭게 하는 사람은 남을 다스리고 힘을 수고롭게 하는 사람은 남에게 다스림을 당한다[勞心者治人, 勞力者治於人]”는 것이 “천하에 두루 통하는 도리[天下之通義]”라 여겼다. 또 인성론에서는 “마음을 다하여 본성을 깨닫고[盡心知性]” “자신의 잃어버린 마음을 구하며[求其放心]”, “나의 호연지기를 길러[養我浩然之氣]” “만물이 모두 나에게 갖추어지는[萬物皆備於我]” 경지에 도달할 것을 제창하여, 인간 주관 정신을 강조함으로써 유가 철학에서 유심주의의 이론 체계를 이루었다. 그리하여 유학이 분화되는 과정에서 사맹학파로 불리며 공자의 정통 嫡係(적계) 제자를 대표하게 되었다.

♣ 단어 활용

盡 : 盡心 盡力 盡誠 一網打盡

鄰 : 隣近 鄰睦 鄰國 鄰接

鼓 : 鼓角 鼓鼙 鼓腹 申聞鼓

曳 : 曳尾 曳白 曳牛却行 曳引船

效顰효빈

西施¹⁾病心而矉²⁾. 其里之醜人見而美之, 歸亦捧心³⁾而矉. 其里之富人見之, 堅閉門而不出. 貧人見之, 挈⁴⁾妻子而去之走. 彼知美矉而不知矉之所以美. 惜乎, 而夫子其窮哉⁵⁾.

『莊子(장자)』 「天運(천운)」

♣ 설명

1) 彼知美矉而不知矉之所以美

· 而: 역접 관계를 나타냄

· 所以: '~한 까닭'[원인을 나타냄]

2) 惜乎, 而夫子其窮哉

· 乎, 哉: 감탄을 나타내는 어기조사.

※ 莊子(장자): B.C.369~B.C.289. 이름은 周(주). 춘추전국시대 諸子百家(제자백가) 가운데 道家(도가)를 대표하는 사상가. 절대적이고도 영원한 道를 추구하였으며 현실적인 제약과 상대적 가치 판단을 초월하는 無爲自然(무위자연)의 사상을 주장하였다.

※ 『莊子(장자)』: 戰國(전국)시대 사상가 莊周(장주)의 사상을 기록한 책.

....

1) 西施(서시): 春秋時代(춘추시대) 越(월)나라 미인. 越王(월왕) 句踐(구천)이 吳(오)와 싸워서 졌을 때, 신하인 范蠡(범려)가 미인계를 쓰기 위해 그녀를 吳王(오왕) 夫差(부차)에게 바쳤다.
2) 矉(빈): 찡그리다, 찌푸리다. '顰'과 같은 글자.
3) 捧心(봉심): 양손으로 받쳐 드는 듯이 손을 가슴에 대다.
4) 挈(설): 거느리다. 이끌다.
5) 夫子(부자): 孔子(공자)를 가리킴. 窮(궁): 막히다, 어려움을 겪다.

♣ 단어 활용

醜 : 醜女 醜雜 醜惡 醜態

捧 : 捧讀 捧持 捧腹絶倒

堅 : 堅固 堅强 堅實 堅甲利兵

閉 : 閉鎖 閉幕 密閉 自閉症

百戰不殆백전불태

孫子曰, 夫用兵之法, 全國為上[1], 破國次之[2], 全軍為上, 破軍次之,
全旅為上, 破旅次之, 全卒為上, 破卒次之, 全伍為上, 破伍次之[3]. 是
故百戰百勝, 非善之善者也[4]. 不戰而屈人之兵[5], 善之善者也 ……
故善用兵者, 屈人之兵而非戰也, 拔人之城而非攻也, 毁人之國而非
久也[6]. 必以全爭於天下, 故兵不頓而利可全[7], 此謀攻之法也. ……
知彼知己, 百戰不殆[8], 不知彼而知己, 一勝一負[9], 不知彼不知己, 每
戰必敗.

『孫子兵法(손자병법)』「謀攻(모공)」

♣ 설명

1) 非善之善者也

· 非: '~이 아니다'. 주로 판단문에 사용되어 주어와 술어의 관계를 부정하거나 행
위나 성질을 부정하는 데 사용된다.

....

1) 全國(전국): '적국 전체가 항복하도록 하는 것'의 뜻으로 '全'이 동사로 쓰임.
2) 破國(파국): 적국을 격파하는 것.
3) 軍(군), 旅(려), 卒(졸), 伍(오): 고대 군대편제의 단위로 각각 軍은 12,500명, 旅는 500명, 卒은 100명,
伍는 5명의 군사를 가리킨다.
4) 善之善者: 잘하는 것 중의 잘하는 것. 즉 가장 잘하는 것, 최선의 것.
5) 屈(굴): 굴복시키다, 항복시키다. 人: 賊(적)을 가리킴.
6) 非久(비구): 오래 걸리지 않는다.
7) 頓(돈): 넘어지다, 꺾이다, 무너지다. 利(리): 이기다, 승리하다.
8) 殆(태): 위태하다, 패하다.
9) 負(부): 지다, 패하다.

2) 必以全爭於天下
  · 以: 수단, 방법을 나타내어 '全勝의 책략을 써서'의 뜻.
  · 於: 장소를 나타냄.

※ 孫子(손자): B.C.544~B.C.496. 춘추시대의 齊(제) 사람으로 이름은 武(무)이며 자는
   長卿(장경)이다. 병법으로 吳王(오왕) 闔廬(합려)를 도와 楚(초), 齊(제), 晉(진)을 쳤
   다. 『孫子』13편을 저술하여 병법가의 비조로 일컬어진다.

※ 『孫子兵法(손자병법)』: 고대 중국의 兵法書(병법서)이다. 孫武(손무)가 쓴 것으로 그
   동안 널리 알려졌으며, 한편 손무의 손자로서 전국시대 齊(제)나라의 전략가 孫臏(손
   빈)이 저자라는 설도 있었다. 1972년 4월, 은작산 한나라 무덤에서 엄청난 양의 죽간
   이 발견되어『손자병법』과『손빈병법』이 다르다는 것을 밝혔다. 이후의 연구 연구결
   과, 손무의 기록이 손자병법의 원본이고, 손빈의 것은 제나라의 손빈병법이라는 것이
   현재까지 주류 학계의 추정이다. 한편 孫武가 지었으나 그의 후손인 孫臏에 이르러
   완성했다는 설도 있다.

♣ 단어 활용
  戰 : 戰鬪 舌戰 角逐戰 戰利品
  破 : 破壞 破鏡 破廉恥 打破
  頓 : 整頓 頓悟 頓挫 頓死
  負 : 負荷 負擔 負傷 抱負

吳越同舟 오월동주

故嘗用兵者, 譬如率然[1]. 率然者, 常山之蛇也. 擊[2]其首則尾至, 擊其
尾則首至, 擊其中則首尾俱[3]至. 敢問, "可使[4]如率然乎?" 曰, "可". 夫
吳人與越人相惡[5]也, 當其同舟濟而遇風[6], 其相救也, 如左右手. 是
故方馬埋輪[7], 未足恃也[8]. 齊勇若一, 政之道也, 剛柔皆得[9], 地之理
也. 故善用兵者, 攜手若使一人[10], 不得已也[11].

『孫子(손자)』 「九地(구지)」

♣ 설명

1) 其相救也

· 其: 주로 대명사로 쓰이지만 때로 문장의 중간이나 앞에 위치하여 어기사로도 사용되
어 추측의 어기를 나타내는 경우가 많다. '아마도, 대체로'의 뜻을 갖는다.

2) 是故方馬埋輪, 未足恃也

· 是故: '그러므로'. 원인에 대한 결과를 나타내는 접속사

....

1) 率然(솔연): 중국 五嶽(오악) 중의 하나인 常山(상산)에 산다는 뱀의 이름.
2) 擊(격): 치다, 때리다.
3) 俱(구): 함께, 모두.
4) 使(사): 부리다, 시키다.
5) 惡(오): 미워하다.
6) 當(당): 당하다, 일을 만나다. 濟(제): (물을) 건너다.
7) 方馬埋輪: 말을 묶어두고 수레바퀴를 땅속에 묻다. 즉, 더 이상 움직이지 않고 진지를 굳게 만들어 싸우
겠다는 결의를 보여주는 것을 가리킴. 方(방): 묶다. 埋(매): 묻다, 메우다.
8) 足(족): 족하다, 충분하다. 恃(시): 믿다.
9) 剛柔皆得: 강함과 유리함을 모두 얻다. 剛柔(강유): 강함과 유연함.
10) 攜手(휴수): 손을 끌다. 若(약): …와 같다.
11) 不得已(부득이): 부득이하다, 어쩔 수 없다.

· 未: 일이 아직 실현되지 않았음을 나타내어 '아직~하지 않다'의 뜻을 가진다.

♣ 단어 활용
　　救 : 救援 救護 救恤 救助船
　　輪 : 輪廻 輪作 輪廓 二輪車
　　勇 : 勇猛 勇壯 勇斷 武勇談
　　剛 : 剛斷 剛直 金剛 內柔外剛

青出於藍청출어람

君子曰, 學不可以已¹⁾. 青取之於藍, 而青於藍. 氷水爲之, 而寒於水.
木直中繩²⁾, 輮³⁾以爲輪, 其曲中規⁴⁾, 雖有槁暴⁵⁾, 不復挺⁶⁾者, 輮使之
然也. 故木受繩則直, 金就礪⁷⁾則利, 君子博學而日參⁸⁾省乎己, 則知
明而行無過矣⁹⁾. 故不登高山, 不知天之高也, 不臨¹⁰⁾深溪, 不知地之
厚也, 不聞先王之遺言, 不知學問之大也.

『荀子(순자)』「勸學(권학)」

♣ 설명

1) 靑取之於藍, 而靑於藍

· 於: 앞의 것은 '~로부터', 뒤의 것은 '~보다'[비교]

· 而: 역접 관계를 나타냄.

2) 雖有槁暴, 不復挺者, 輮使之然也

· 雖: '비록 ~일지라도'[양보를 나타냄]

1) 已(이): 그치다, 말다.
2) 中(중): 동사로서 '…에 맞다'의 뜻. 繩(승): 목수들이 쓰는 먹줄로 직선을 그릴 때 사용함.
3) 輮(유): 나무에 열을 가하여 바로 잡거나 휘어 굽히다.
4) 規(규): 원을 그리는 도구, 컴퍼스.
5) 有槁暴: 다시 말리다. 有는 又와 통하여 '다시, 또'의 의미. 暴(폭)은 曝(폭)과 통하여 '햇볕에 쬐어 말리다'는 뜻.
6) 挺(정): 곧다, 곧아지다.
7) 礪(려): 숫돌, 숫돌에 갈다.
8) 參(참, 삼): 살피다, '三'과 통하여 '세 차례, 여러 번'으로 해석하기도 한다. 『論語·學而』에 "吾日三省吾身"이라는 구절이 있다.
9) 知(지): '智(지혜, 슬기)'의 뜻. 過(과): 잘못, 과오
10) 臨(임): 임하다. 보통 높은 곳에서 낮은 곳을 내려다보는 것을 말함.

· ~者~也: '~은 ~때문이다'라고 해석

· 使: 사역을 나타내어 '~로 하여금 ~하게 하다'의 뜻.

※ 『荀子(순자)』: 戰國時代(전국시대) 말 趙(조)나라 사람 荀況(순황. B.C.313~ B.C.238)
이 지은 책으로 모두 20권이다. 荀子는 비록 儒家(유가)에 속하지만 諸家(제가)의 영
향을 받았으므로 先秦諸家(선진제가)를 집대성했다고 할 수 있다. 그는 또한 禮(예)
·法(법)·術(술)을 강조하여 후대 法家思想(법가사상)에 큰 영향을 미쳤다.

♣ 단어 활용
直 : 直感 直線 直接 剛直
繩 : 繩矩 繩墨 捕繩 結繩
博 : 博識 博學多識 博士 賭博
省 : 省察 省墓 自省 省略
遺 : 遺憾 遺棄 遺骨 遺傳 拾遺

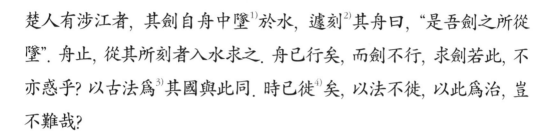

刻舟求劍각주구검

楚人有涉江者, 其劍自舟中墜[1]於水, 遽刻[2]其舟曰, "是吾劍之所從墜". 舟止, 從其所刻者入水求之. 舟已行矣, 而劍不行, 求劍若此, 不亦惑乎? 以古法爲[3]其國與此同. 時已徙[4]矣, 以法不徙, 以此爲治, 豈不難哉?

『呂氏春秋(여씨춘추)』

♣ 설명

1) 其劍自舟中墜於水
 · 自: 동작이나 행동의 출발점을 나타낸다. 시간, 장소는 물론이며 추상적인 것에도 쓰일 수 있다.
 · 於: 장소를 나타냄.

2) 是吾劍之所從墜
 · '所'자가 동사와 결합하여 만든 구는 명사성을 띠므로 수식어의 수식을 받을 수 있다. 이 때 수식어는 의미상 所 뒤의 동사의 주어 역할을 하기도 한다. 이 경우 조사 '之'가 삽입되는 경우가 많다.

3) 從其所刻者入水求之
 · 從: '自'와 같은 뜻으로 쓰여 출발점을 나타낸다.
 · 者: 장소를 나타냄. '所'자 구조가 관형어가 되어 '者'를 수식한다.

---

1) 墜(추): 떨어지다.
2) 遽(거): 급히, 갑자기, 빨리. 刻(각): 새기다, 깎다.
3) 爲(위): 다스리다.
4) 徙(사): 옮기다, 변하다.

4) 不亦惑乎

　　· 不亦~乎: '또한 ~하지 아니한가'의 뜻으로 반문의 어기를 나타낸다.

5) 以古法爲其國與此同

　　· 以: 수단, 방법을 나타냄.

　　· 與: 동작, 행위에 관련되는 대상을 나타내는 전치사로 쓰임.

6) 豈不難哉

　　· 豈~哉: 어기조사 '哉'는 부사 '豈'와 호응하여 반문의 어기를 나타낸다.

※ 呂不韋(여불위): ?~B.C.235 秦(진)의 재상. 본래 陽翟(양적)의 거상으로 진의 莊襄王(장양왕)이 趙(조)에 볼모로 있을 때 귀국시켜 왕위에 오르게 한 공으로 재상이 되고 文信侯(문신후)로 봉해졌으며, 학자를 모아 『呂氏春秋(여씨춘추)』를 편찬하였다.

※ 『呂氏春秋(여씨춘추)』: 秦(진)의 呂不韋(여불위)가 門客(문객)을 모아 편찬한 史論書(사론서). 道家(도가), 儒家(유가), 兵家(병가), 農家(농가), 刑名家(형명가)의 설을 논술하였다. 『呂覽(여람)』이라고도 한다.

♣ 단어 활용

　　涉 : 涉獵　交涉　干涉　涉歷

　　墜 : 墜落　失墜　崩墜　墜體

　　刻 : 刻苦　刻薄　深刻　彫刻

　　徙 : 移徙　徙倚　轉徙

守株待兎 수주대토

宋人¹⁾有耕田者, 田中有株²⁾, 兎走觸株, 折頸³⁾而死. 因釋其耒⁴⁾而守株, 冀⁵⁾復得兎. 兎不可復得, 而身爲宋國笑. 今欲以先王之政, 治當世之民, 皆守株之類也.

『韓非子(한비자)』「五蠹(오두)」第四十九

♣ 설명

1) 宋人有耕田者

　・有…者: 고문에서 종종 보이는 고정된 형태로 어떤 특정한 인물의 행위나 행적을 서술하기 시작할 때 쓰여서 서술하고자 하는 대상 인물을 돌출시키는 효과를 일으킨다.

2) 折頸而死

　・而: 순접 관계를 나타냄.

3) 因釋其耒而守株

　・因: 인하여, 이리하여. 앞의 사실과 뒤의 사실 사이의 인과 관계를 나타냄.

4) 身爲宋國笑

　・爲: '~이 되다'의 뜻으로 피동을 나타냄.

5) 今欲以先王之政

　・以: '~로써, ~을 가지고'의 뜻으로 수단, 방법을 나타냄.

---

1) 宋人(송인): 송나라 사람. 중국 고전에서 宋人(송인)은 흔히 어리석은 사람으로 잘 등장함. '宋'은 춘추시대의 나라이름. *宋襄之仁(송양지인)
2) 株(주): 나무 그루터기. 나무를 베고 밑 부분에 남아 있는 것을 가리킴.
3) 頸(경): 목. 折頸(절경): 목을 부러뜨리다.
4) 耒(뢰): 쟁기.
5) 冀(기): 바라다.

※ 韓非(한비): ?~B.C.233 전국 말기 韓(한)나라의 公子(공자)로 李斯(이사)와 함께 荀子(순자)에게 학문을 배웠고 法家(법가)의 이론을 집대성하였다. 韓(한)나라가 秦(진)나라 등으로부터 압박을 받자, 韓王(한왕)에게 여러 차례 건의하였으나 받아들여지지 않았다. 秦(진)나라에 사신으로 갔다가 李斯(이사)의 모함으로 독살되었다.

※ 『韓非子(한비자)』: 한비가 저술한 사상서로 총 20권 55편으로 되어 있다. 原題(원제)는 '韓子(한자)'였으나 宋代(송대) 이후 韓愈(한유)를 韓子(한자)라고 부르면서 '韓非子(한비자)'로 개칭되었다. 刑名法術(형명법술)의 사상을 주창하여 '刑(형)'과 '名(명)'이 일치하고 법술에 의해서 통치하면 천하는 다스려진다고 역설하였다.

♣ 단어 활용

耕 : 耕作 耕耘機 晝耕夜讀 農耕地
釋 : 釋放 解釋 保釋 稀釋
冀 : 冀願 冀望 幸冀
治 : 治安 統治 治療 治裝

或問儒者曰, "方此時¹⁾也, 堯安在?" 其人曰, "堯爲天子." "然則, 仲尼
之聖堯奈何?²⁾" 聖人明察在上位, 將使天下無姦也. 今耕漁不爭³⁾, 陶
器不窳⁴⁾, 舜又何德而化⁵⁾? 舜之救敗也, 則是堯有失也. 賢⁶⁾舜, 則去⁷⁾
堯之明察, 聖堯, 則去舜之德化, 不可兩得也. 楚人有鬻⁸⁾楯與矛者,
譽⁹⁾之曰, "吾楯¹⁰⁾之堅, 物莫能陷¹¹⁾也." 又譽其矛曰, "吾矛之利, 於物
無不陷也." 或曰, "以子¹²⁾之矛陷子之楯, 何如?" 其人弗能應也. 夫不
可陷之楯與無不陷之矛, 不可同世而立. 今堯·舜之不可兩譽, 矛楯
之說也.

『韓非子』「難一(난일)」

---

1) 此時(차시): '그 당시에'. 舜이 신하의 신분으로 천하의 잘못된 일을 바로잡고 있을 때를 가리킴.
2) 聖(성): 동사로 쓰여 '성인으로 여기다'의 뜻. 奈何: 어떻게 하겠는가, 무엇 때문인가.
3) 耕(경): 歷山(역산) 일대의 농민들의 서로의 농지를 침범하여 다투었던 일을 가리킴. 舜(순)이 그곳에
   가서 직접 농사를 짓고 1년 후에 경계가 바로잡혔다고 한다.
   漁(어): 黃河(황하) 가의 어민들이 고기잡이에 좋은 위치를 먼저 점하고자 다투던 일. 舜(순)이 가서
   직접 고기잡이를 하니 1년 후에는 서로 좋은 자리를 양보하게 되었다고 한다.
4) 陶器不窳: 동쪽에서 나는 도자기들이 조잡하고 단단하지 않았던 일을 말함. 舜이 직접 가서 도자기를
   구웠더니 도자기가 세련되고 단단해졌다고 한다. '窳(유)'는 '이지러지다, 비뚤어지다'의 뜻.
5) 化(화): '敎化(교화)'의 뜻.
6) 賢(현): 동사로 쓰여 '현명하다고 여기다'의 뜻.
7) 去(거): 없애다, 제거하다.
8) 鬻(육): 팔다.
9) 譽(예): 기리다, 칭찬하다.
10) 楯(순): 방패, '盾'과 같음.
11) 陷(함): 움푹 꺼지다, 뚫다.
12) 子(자): 그대, 당신(인칭대명사).

♣ 설명

1) 堯安在

  · 安: '어디에'의 뜻을 갖는 의문사로 쓰임. 의문사가 동사 '在'의 목적어이므로 동사
    앞에 놓였다.

2) 將使天下無姦也

  · 使: '~로 하여금'[사역을 나타냄]

3) 則是堯有失也

  · 也: 인과문의 문미에 사용되어 '~이기 때문이다'로 해석된다.

4) 吾楯之堅, 物莫能陷也

  · 莫: 부정을 나타내어 '어느 것도 ~하지 않다, ~한 것이 없다'의 뜻.

  · 也: 강조의 어기를 나타냄.

5) 以子之矛陷子之楯, 何如

  · 以: 수단, 방법을 나타내어 '~로써, ~을 사용하여'의 뜻.

  · 何如: '어떠하냐, 어떻게'의 뜻으로 의문을 나타내며 '如何'와 같다. 단 如何는 사이에
    목적어나 之가 들어가기도 한다.

6) 其人弗能應也

  · 弗: 부정을 나타내며 '不'과 같다.

  · 也: 문장 종결의 어기를 나타냄.

7) 夫不可陷之楯與無不陷之矛

  · 夫: '무릇, 대저' 문장의 맨 앞에 놓여 강한 제시의 뜻을 나타낸다. 주의를 환기시키
    는 효과를 갖는 경우가 많으며 發語詞(발어사)라고 부르기도 한다.

  · 與: 명사나 명사성 구를 연결하는 기능을 함.

♣ 단어 활용

  察 : 監察 觀察 洞察 巡察

  譽 : 名譽 榮譽 譽望 譽聲

  陷 : 陷落 陷穽 缺陷 陷沒

  應 : 應答 應急 應募 適應 應接室

2. 고사성어와 고대 역사

管鮑之交관포지교

管仲曰[1], "吾始困時, 嘗與鮑叔賈[2], 分財利多自與, 鮑叔不以我爲貪, 知我貧也. 吾嘗爲鮑叔謀事而更窮困, 鮑叔不以我爲愚, 知時有利不利也. 吾嘗三仕三見逐於君, 鮑叔不以我爲不肖[3], 知我不遭時也. 吾嘗三戰三走, 鮑叔不以我爲怯[4], 知我有老母也. 公子糾敗[5], 召忽死之[6], 吾幽囚受辱[7], 鮑叔不以我爲無恥, 知我不羞小節而恥功名不顯于天下也[8]. 生我者父母, 知我者鮑子也." 鮑叔旣進管仲[9], 以身下之[10]. 子孫世祿於齊[11], 有封邑者十餘世[12], 常爲名大夫. 天下不多管仲之賢而多鮑叔能知人也[13].

『史記(사기)』「管晏列傳(관안열전)」

---

1) 管仲(관중): 이름은 夷吾(이오), 字는 仲(중). 齊(제)나라의 재상으로 桓公(환공)을 도와 국세를 크게 일으켜 桓公을 春秋五覇(춘추오패)로 만들었다.
2) 鮑叔(포숙): 齊(제)나라의 大夫(대부)인 鮑叔牙(포숙아)를 말함. 賈(고): 장사하다. 한 곳에 정착해서 장사하는 것을 '賈(고)'라 하고, 돌아다니면서 장사하는 것을 '商(상)'이라고 함.
3) 不肖(불초): 못나다, 재주가 없다.
4) 怯(겁): 겁내다, 무서워하다.
5) 公子糾: 小白[桓公]의 이복 형.
6) 召忽(소홀): 齊(제)나라 大夫(대부)로 管仲(관중)과 함께 公子(공자) 糾(규)를 모셨다.
7) 幽囚(유수): 가두다, 갇히다.
8) 小節(소절): 조그마한 절개, 사소한 의리. 顯(현): 드러나다, 나타나다.
9) 進(진): 추천하다, 천거하다.
10) 以身下之: 스스로를 낮추다.
11) 祿(녹): 관리의 봉급, 녹을 받다, 벼슬을 하다.
12) 封邑(봉읍): 제왕이 제후나 공신에게 주는 領地(영지)나 食邑(식읍).
13) 多(다): 칭찬하다, 아름답게 여기다, 중하게 여기다.

♣ 설명

1) 鮑叔不以我爲貪

　· 以…爲~: …를 ~로 여기다.

2) 吾嘗三仕三見逐於君

　· 見…於~: ~에 의해서 …당하다.[피동을 나타냄]

3) 以身下之

　· 자신을 그의 아래가 되게 하다. 즉 '자신을 낮추다'의 뜻. '之'는 지시대명사로서 '管仲'을 가리킨다.

※ 司馬遷(사마천): B.C.145?~B.C.87? 字는 子張(자장), 前漢(전한)의 史家(사가). 太史令(태사령) 司馬談(사마담)의 아들. 武帝(무제)때 흉노에게 항복한 李陵(이릉)을 변호하다 무제의 노여움을 사 宮刑(궁형)을 당했으나 후에 中書令(중서령)이 되었다. 부친 사마담이 끝내지 못한 修史(수사)의 업을 계승하여 太史令(태사령)으로 있을 때 궁중에 비장된 도서를 자유로이 읽었고 310편이나 되는 거작 『史記(사기)』를 지었다.

※ 『史記(사기)』: 前漢(전한)의 司馬遷(사마천)이 편찬한 역사서. 黃帝(황제)부터 漢武帝(한무제)에 이르는 역사를 기록한 중국 최초의 紀傳體(기전체) 역사서이다. 本紀(본기), 世家(세가), 列傳(열전), 表(표), 序(서)로 구성되어 있다.

♣ 단어 활용

管 : 管理 移管 所管 掌管 保管
貪 : 貪慾 貪心 貪官汚吏 小貪大失
愚 : 愚昧 愚鈍 愚直 賢問愚答
窮 : 窮理 窮狀 窮乏 窮地 窮餘之策
逐 : 逐客 逐出 角逐 放逐
遭 : 遭遇 遭難 遭逢

結草報恩결초보은

初, 魏武子有嬖妾[1], 無子. 武子疾, 命顆曰, "必嫁是." 疾病[2], 則曰, "必以爲殉[3]!" 及卒, 顆嫁之曰, "疾病則亂, 吾從其治也[4]." 及輔氏之役[5], 顆見老人結草以亢杜回[6]. 杜回躓而顚[7], 故獲之. 夜夢之曰, "余, 而所嫁婦人之父也[8]. 爾用先人之治命, 余是以報."

『左傳(좌전)』「宣公十五年」

※ 『左傳(좌전)』:『春秋左氏傳(춘추좌씨전)』, 『左氏春秋(좌씨춘추)』라고도 한다. B.C. 722~B.C.481년의 역사를 다룬 것으로 孔子(공자)의 『春秋(춘추)』를 魯(노)나라의 左丘明(좌구명)이 해석한 책이다.

♣ 단어 활용

命 : 命令 命脈 命運 命題

報 : 情報, 業報, 日氣豫報, 因果應報

獲 : 獲得 獲麟 捕獲 漁獲

顚 : 顚倒 顚末 顚覆 顚倒衣裳

----

1) 嬖妾(폐첩): 사랑하는 첩.
2) 病(병): 병이 위중해짐.
3) 殉(순): 따라 죽다, 순장하다.
4) 治(치): 병이 다스려졌을 때(혼미하지 않았을 때)를 가리킴.
5) 輔氏(보씨): 지명. 魏顆(위과)가 秦(진)과 싸워 杜回(두회)를 잡은 곳.
6) 亢(항): 대적하다.
7) 躓(지): 넘어지다. 顚(전): 넘어지다, 뒤집히다.
8) 而(이): 너. 이인칭 대명사.

四面楚歌사면초가

項王軍壁垓下[1], 兵少食盡, 漢軍及諸侯兵圍之數重[2]. 夜聞漢軍四面
皆楚歌, 項王乃大驚曰 : "漢皆已得楚乎? 是何楚人之多也!" 項王則
夜起, 飮帳中[3]. 有美人名虞, 常幸從[4], 駿馬名騅[5], 常騎之. 於是項王
乃悲歌慷慨[6], 自爲詩曰: "力拔山兮, 氣蓋世, 時不利兮, 騅不逝[7]. 騅
不逝兮, 可奈何, 虞兮虞兮, 奈若何!" 歌數闋[8], 美人和之[9], 項王泣數
行下[10]. 左右皆泣, 莫能仰視[11].

『史記(사기)』「項羽本紀(항우본기)」

♣ 설명

1) 漢軍及諸侯兵圍之數重

....

1) 項王(항왕): 項羽(항우)를 말함. 이름은 籍(적). 24세에 吳中(지금의 江蘇省 蘇州市)에서 군대를 일으켜
秦軍(진군)을 격파하고 스스로를 西楚霸王(서초패왕)이라 하며 彭城(팽성)에 도읍하였다. 劉邦(유방)
과 천하를 다투다가 垓下戰(해하전)에서 패배하고 자결하였다. 壁(벽): 진, 軍壘(군루). 여기서는 동사
로 쓰여 '진을 쳐 주둔하다'의 뜻. 垓下(해하): 지명, 지금의 安徽省(안휘성) 靈璧縣(영벽현) 동남쪽에
있다.
2) 諸侯(제후): 劉邦(유방)의 편에 서서 항우와 대적한 제후들을 가리킨다. 韓信(한신) 등이 여기에 포함된
다. 之: 項王(항왕)의 군대를 가리킨다. 數重(수중): 여러 겹으로, 겹겹이.
3) 帳中(장중): 장막의 안.
4) 幸(행): 총애하다, 제왕이 여자를 사랑하여 枕席(침석)에 들게 하다.
5) 騅(추): 烏騅馬(오추마), 검푸른 털에 흰털이 섞인 말, 項羽(항우)가 타던 愛馬(애마).
6) 慷慨(강개): 의분에 북받쳐 슬퍼하고 한탄함.
7) 逝(서): 가다, 달리다.
8) 闋(결): 음악의 한 曲(곡)이 끝남을 이름.
9) 和(화): 화답하다.
10) 泣數行下(읍수항하): 눈물이 여러 줄기 흘러내리다. 泣(읍): 눈물.
11) 仰視(앙시): 우러러보다.

· 及: 단어와 단어를 대등한 관계로 연결시켜 준다.

2) 是何楚人之多也

· 是何: 이 어찌 ~한가.

3) 力拔山兮, 氣蓋世

· 兮: 어구의 사이나 끝에 붙여 어기가 일단 그쳤다가 음조가 다시 올라가는 것을
나타내는 조사. 주로 詩賦(시부)에 많이 쓰인다.

4) 雖不逝兮, 可奈何

· 可: '정말로'. 강조를 나타내는 부사로 쓰임.

· 奈何: '어찌할까'. 의문사로 '如何'와 같다.

5) 虞兮虞兮, 奈若何

· 奈~何: '~에 대해 어찌할까', '~를 어찌할까' 의 뜻.

· 若: 2인칭 대명사로 奈~何의 賓語.

6) 莫能仰視

· 莫: 부정을 나타낸다. =不能

♣ 단어 활용

圍 : 圍障 圍棋 圍立 周圍 包圍

飮 : 飮酒 飮食 飮料 飮泣

帳 : 帳內 帳幕 蚊帳 帳簿

駿 : 駿逸 駿良 駿奔 駿驥

拔 : 拔萃 拔擢 拔劍 拔本 選拔

於是項王乃欲東渡烏江[1]. 烏江亭長檥船待[2], 謂項王曰, "江東雖小[3], 地方千里, 衆數十萬人, 亦足王也. 願大王急渡. 今獨臣有船, 漢軍至, 無以渡." 項王笑曰, "天之亡我, 我何渡爲! 且籍與江東子弟八千人渡江而西[4], 今無一人還, 縱江東父兄憐而王我, 我何面目見之? 縱彼不言, 籍獨不愧於心乎?" 乃謂亭長曰, "吾知公長者[5]. 吾騎此馬五歲, 所當無敵, 嘗一日行千里, 不忍殺之, 以賜公." 乃令騎皆下馬步行, 持短兵接戰. 獨籍所殺漢軍數百人. 項王身亦被十餘創. 顧見漢騎司馬呂馬童[6]曰, "若非吾故人乎[7]?" 馬童面之, 指王翳曰, "此項王也." 項王乃曰, "吾聞漢購我頭千金, 邑萬戶[8], 吾爲若德." 乃自刎而死[9].

『史記(사기)』「項羽本紀(항우본기)」

----

1) 烏江(오강): 지금의 安徽省(안휘성) 和縣(화현) 동북쪽 40리 떨어진 長江(장강)가의 烏江浦(오강포).
2) 亭長(정장): 秦代(진대)에는 縣(현) 아래에 鄕(향)을, 鄕(향) 아래에 亭(정)을 설치했는데 10리마다 1亭[驛站]을 설치하고 10亭마다 1鄕을 두었다. 각 亭마다 亭長(정장) 한 사람을 두어 치안과 소송 등의 직무를 담당하였고, 亭長 아래에 求盜(구도)와 亭父(정부)가 있었다. 檥(의): 艤(의)와 同字, 배를 강기슭에 대어 출발 준비를 하다.
3) 江東(강동): 長江(장강) 하류의 동쪽지역을 가리킨다. 項羽(항우)는 江東의 蘇州(소주) 지역에서 起兵(기병)하였다.
4) 籍(적): 項羽(항우)의 이름. 子弟(자제): 젊은이, 父老의 상대되는 말.
5) 長者(장자): 덕망이 있는 사람.
6) 騎司馬(기사마): 騎將(기장)의 官職名(관직명)으로 기병의 將領(장령)이다. 일설에는 騎兵(기병) 가운데 軍法(군법)을 관장하는 벼슬이라 하기도 한다.
7) 若(약): 너. 이인칭 대명사.
8) 邑(읍): 封邑(봉읍)하다, 봉하다. 왕, 제후, 대부들의 영지, 食邑(식읍), 采邑(채읍).
9) 刎(문): 목을 베다.

♣ 설명

1) 無以渡
   · 無以: '~할 수단이 없다, ~할 수 없다' '以'는 길, 도리, 방법이라는 뜻의 명사. 보통 앞에 '無'·'毋'·'蔑' 따위를 동반하여 조동사적으로 쓰인다.

2) 我何渡爲
   · 爲: 의문 어기조사 혹은 '~하다'의 뜻을 갖는 동사로 쓰인 것으로 볼 수 있다.

3) 縱江東父兄憐而王我
   · 縱: '설령 ~라 하더라도'의 뜻으로 가정형 문장을 구성한다.
   · 王: 동사로 쓰여 '왕 노릇 하게 하다, 왕이 되게 하다'의 뜻으로 쓰였다.

4) 籍獨不愧於心乎
   · 獨: 반문의 어기를 나타내는 부사로 쓰여 '어찌'의 뜻을 나타내어 반어형 문장을 구성한다.

5) 乃令騎皆下馬步行
   · 令: 사역의 뜻을 나타내는 동사로서 사역형 문장을 만든다.

♣ 단어 활용
   渡 : 渡江 渡口 渡來 過渡期
   待 : 待期 待令 待望 待罪 待接
   購 : 購買 購讀 購入 購問

糟糠之妻 조강지처

宋弘建武二年爲大司空¹⁾, 時帝姊湖陽公主新寡²⁾. 帝與共論朝臣, 微觀其意³⁾. 主曰, "宋弘威容德器⁴⁾, 群臣莫及." 帝曰, "方且圖之⁵⁾." 後弘被引見⁶⁾, 帝令主坐屛風後, 因謂弘曰, "諺言, 貴易交⁷⁾, 富易妻, 人情乎!" 弘曰, "臣聞貧賤之交不可忘, 糟糠之妻不下堂⁸⁾." 帝顧謂主曰, "事不諧矣."

『後漢書(후한서)』

♣ 설명

1) 帝與共論朝臣

· 與: 전치사로 '~와 함께, ~와 더불어'의 뜻을 갖는다. 여기에서는 與의 빈어인 湖陽公主가 생략되었다.

2) 後弘被引見

· 被: 피동을 나타냄. 被 뒤에 행위자가 생략되었다.

---

1) 宋弘(송홍): 인명. 字는 仲子(중자). 建武(건무): 後漢(후한) 光武帝(무광제)의 年號(연호). 大司空(대사공): 三公(大司徒, 大司馬, 大司空)의 하나로, 土地(토지)·民事(민사)를 맡은 벼슬.
2) 新寡(신과): 남편을 갓 여읜 과부.
3) 微觀(미관): 몰래 엿보다. 其意(기의): 光武帝의 누이의 의향을 가리킴.
4) 德器(덕기): 덕행과 器局(기국). 착한 행실과 뛰어난 재능.
5) 且(차): 장차, 가까운 시간에. 곧, '將(장)'과 같은 의미.
6) 引見(인견): 불러들여 봄.
7) 貴(귀): 지위, 신분이 높다. 출세를 뜻함. 易(역): 바꾸다. 交(교): 사귐. 친구를 가리킴.
8) 糟糠之妻(조강지처): 가난할 때 고생을 같이 하던 아내. 糟(조): 술지게미. 糠(강): 쌀겨. 下堂(하당): 마루에서 내려서다. 곧, 버림을 의미.

※ 『後漢書(후한서)』: 後漢(후한)의 역사를 기록한 紀傳體(기전체) 역사서로 南朝(남조) 宋(송) 范曄(범엽)이 지었다.

♣ 단어 활용
糟 : 糟粕 糟糠不屬
寡 : 寡黙 寡少 寡婦 寡人
微 : 微笑 微細 微生物 微塵
威 : 威勢 威嚴 威容 威脅
諺 : 諺文 諺譯 諺解 鄙諺

指鹿爲馬지록위마

趙高[1]欲爲亂, 恐羣臣不聽, 乃先設驗, 持鹿獻於二世[2]曰, 馬也. 二世笑曰, 丞相誤耶. 謂鹿爲馬. 問左右, 左右或默或言. 高陰中諸言鹿者以法[3], 後羣臣皆畏高, 無敢言其過.

『十八史略(십팔사략)』

♣ 설명

1) 丞相誤耶

· 耶(邪): 의문을 나타내는 어기조사로서, 말하는 사람이 대략 그러하리라는 추측을 하나 아직 확신할 수 없어서 상대방에게 확인을 요구하는 의문형에 쓰인다.

2) 高陰中諸言鹿者以法

· 以가 구성하는 개사구조[以法]는 동사 또는 동사의 목적어 뒤에 놓일 수도 있다.

3) 無敢言其過

· 無敢 : 부정형. 감히 ～하지 못하다.

※ 『十八史略(십팔사략)』: 元(원)나라 曾先之(증선지)가 十八史[史記(사기), 漢書(한서), 後漢書(후한서), 三國志(삼국지), 晉書(진서), 宋書(송서), 南齊書(남제서), 梁書(양서), 陳書(진서), 後魏書(후위서), 北齊書(북제서), 周書(주서), 隋書(수서), 南史(남사), 北史(북사), 唐書(당서), 五代史(오대사), 宋史(송사)]를 간추려 초학자용 독본으로 편찬한 史書.

....

1) 趙高(조고): 인명. 秦(진)나라 宦官(환관)으로 간악한 인물.
2) 二世(이세): 二世皇帝, 胡亥(호해)를 가리킴. 李斯(이사), 趙高(조고)가 모략하여 始皇帝(진시황)의 長子(장자)인 扶蘇(부소)를 죽이고 세운 次子.
3) 陰(음): 은밀하게, 몰래. 中(중): 동사로서 '처단하다'의 뜻. 諸(제): 여러, 모든.

♣ 단어 활용

指 : 指揮 指示 指摘 指向 指紋

亂 : 混亂 亂局 亂動 亂刺 亂打 叛亂

設 : 設備 設計 施設 新設 附設

誤 : 錯誤 誤謬 誤解 誤報

陰 : 陰刻 陰曆 陰謀 陰散 陰陽

秦人恐喝¹⁾諸侯求割地. 有洛陽人蘇秦²⁾, 遊說³⁾秦惠王, 不用⁴⁾. 乃往
說燕文侯, 與趙從親⁵⁾. 燕資之⁶⁾, 以至趙. 說肅侯曰, "諸侯之卒, 十倍
於秦. 幷力西向, 秦必破矣. 爲大王計, 莫若六國從親以擯⁷⁾秦." 肅侯
乃資之, 以約諸侯. 蘇秦以鄙諺⁸⁾說諸侯曰, "寧爲鷄口, 無爲牛後." 於
是六國⁹⁾從合. 蘇秦者, 師¹⁰⁾鬼谷先生¹¹⁾. 初出遊, 困而歸. 妻不下機¹²⁾,
嫂不爲炊¹³⁾. 至是爲從約長¹⁴⁾, 幷相六國. 行過洛陽 車騎輜重¹⁵⁾, 擬¹⁶⁾
於王者. 昆弟¹⁷⁾妻嫂, 側目¹⁸⁾不敢視, 俯伏¹⁹⁾侍取食. 蘇秦笑曰, "何前

---

1) 恐喝(공갈): 위협하다, 협박하다.
2) 洛陽(낙양): 지금의 河南省(하남성) 洛陽(낙양). 蘇秦(소진): 전국 시대의 策士(책사). 낙양 사람. 燕
   (연), 趙(조) 등 六國(육국)을 合從(합종)하여 秦(진)과 대항케 하고 스스로 육국의 재상이 되었다.
3) 遊說(유세): 각처를 돌아다니며 자기의 의견을 두루 퍼뜨리다.
4) 用(용): 쓰이다, 등용되다.
5) 從親(종친): 남북으로 나란히 선 여섯 나라가 손을 잡고 서쪽의 강국인 秦(진)나라를 상대로 하는 외교
   정책. 合從(합종).
6) 資(자): 자금을 주다.
7) 擯(빈): 물리치다, 무찌르다.
8) 鄙諺(비언); 저속한 이야기, 속담.
9) 六國(육국): 燕(연), 趙(조), 魏(위), 韓(한), 楚(초), 齊(제).
10) 師(사): 동사로서 '스승으로 모시다'의 뜻.
11) 鬼谷先生(귀곡선생): 본명은 전해지지 않고, 낙양 근처 鬼谷이라는 곳에 살고 있어서 붙여진 이름이라
    고 한다.
12) 機(기): 베틀.
13) 嫂(수): 형수. 炊(취): 밥을 짓다.
14) 爲(위): 되다. 長(장): 우두머리, 장.
15) 輜重(치중): 나그네의 짐.
16) 擬(의): 비기다, 견주다.
17) 昆弟(곤제): '兄弟'와 같음.
18) 側目(측목): 무서워하여 바로 보지 못하다, 곁눈질하다.
19) 俯伏(부복): 고개를 숙이고 굽신거리다.

倨²⁰⁾而後恭也." 嫂曰, "見季子²¹⁾位高金多也." 秦謂然²²⁾歎曰, "此一人之身, 富貴則親戚畏懼²³⁾之, 貧賤則輕易²⁴⁾之, 況衆人乎? 使我有洛陽負郭田二頃²⁵⁾, 豈能佩六國相印²⁶⁾乎." 於是散千金, 以賜宗族朋友. 旣定從約歸趙, 肅侯封爲武安君. 其後, 秦使犀首²⁷⁾欺趙, 欲敗從約, 齊魏伐趙. 蘇秦恐去趙, 而從約解. 魏人有張儀²⁸⁾者, 與蘇秦同師. 嘗遊楚, 爲楚相所辱. 妻慍²⁹⁾有語. 儀曰, "視吾舌, 尚³⁰⁾在否." 蘇秦約從時, 激³¹⁾儀使入秦. 儀曰, "蘇君之時, 儀何敢言." 蘇秦去趙而從解, 儀專爲橫³²⁾, 連六國以事秦.

『十八史略(십팔사략)』

♣ 설명

1) 莫若六國從親以擯秦

· 莫若: 비교를 나타내어 '~만한 것이 없다, ~이 가장 좋다'로 해석된다. '莫如'와 같다.

20) 倨(거): 거만하다.
21) 季子(계자): 蘇秦의 字라고도 하고, 또는 형수가 시동생을 부를 때 일컫는 말이라고도 한다.
22) 喟然(위연): 한숨 쉬는 모양.
23) 畏懼(외구): 두려워하다.
24) 輕易(경이): 업신여기다.
25) 負郭田(부곽전): 성곽을 등진 전지라는 뜻으로, 성 근처의 비옥한 전지. 頃(경): 넓이의 단위로 百畝와 같다. 전국시대의 一畝(무)는 약 182아르.
26) 佩六國相印: 육국 재상의 印(인)을 허리에 차다.
27) 犀首(서수): 秦(진)의 재상 孔孫衍(공손연)을 가리킴.
28) 張儀(장의): 전국시대의 유세가. 제후에게 유세하여 소진의 합종설에 반대하고 열국은 秦(진)나라를 섬겨야 한다는 연횡책을 주장했으나 秦惠王(진혜왕)이 죽어서 실현되지 못한 채 죽었다.
29) 慍(온): 성내다, 화내다.
30) 尙(상): 아직.
31) 激(격): 격분시키다.
32) 爲橫(위횡): 육국이 秦을 섬기도록 하는 정책[連橫策]을 행함.

2) 寧爲鷄口, 無爲牛後
- 寧: '차라리~할지언정'[비교 선택을 나타냄]
- 無: 금지를 나타내어 '~하지 마라'의 뜻. '毋'와 같다.

3) 況衆人乎
- 況~乎: '하물며 ~하랴'의 뜻으로 정도가 낮은 것부터 서술하고 나중에 서술하고자 하는 것을 강조하는 형태이다.[억양형]

4) 豈能佩六國相印乎
- 豈~乎: 반문의 어기를 나타내어 '어찌 ~하겠는가'의 뜻.

5) 爲楚相所辱
- 爲~所~: 피동을 나타내어 '~에게(에 의해) ~당하다'의 뜻. '爲' 다음의 행위자가 생략되는 경우도 있다.

6) 儀何敢言
- 何敢: '어찌 감히 ~하겠는가'[반문을 나타냄]

♣ 단어 활용
割 : 分割 割當 割據 割愛
親 : 親近 親舊 親睦 親權 親筆
資 : 資料 資格 資産 資源 物資
鷄 : 鷄肋 養鷄 鷄卵 鬪鷄 鷄鳴狗盜
困 : 困窮 困難 困辱 貧困
欺 : 欺瞞 詐欺 欺誑

제**4**부

옛 사람들의 기지와 해학

晏子使楚¹⁾. 楚人以晏子短, 爲小門于大門之側而延晏子²⁾. 晏子不入,
曰: "使狗國者, 從狗門入. 今臣使楚, 不當從此門入." 儐者更道³⁾, 從
大門入. 見楚王. 王曰: "齊無人耶, 使子爲使?" 晏子對曰: "齊之臨淄
三百閭⁴⁾, 張袂成陰⁵⁾, 揮汗成雨⁶⁾, 比肩繼踵而在⁷⁾, 何爲無人?" 王曰:
"然則子何爲使乎?" 晏子對曰: "齊命使, 各有所主. 其賢者使使賢主.
不肖者使使不肖主. 嬰最不肖, 故直使楚矣."

　晏子將使楚. 楚王聞之, 謂左右曰: "晏嬰, 齊之習辭者也⁸⁾, 今方來,
吾欲辱之, 何以也?" 左右對曰: "爲其來也, 臣請縛一人, 過王而行.
王曰, 何爲者也, 對曰, 齊人也. 王曰, 何坐⁹⁾, 曰, 坐盜." 晏子至. 楚王
賜晏子酒, 酒酣¹⁰⁾. 吏二縛一人詣王. 王曰: "縛者曷爲者也?" 對曰:
"齊人也, 坐盜." 王視晏子曰: "齊人固善盜乎?" 晏子避席對曰: "嬰聞
之, 橘生淮南¹¹⁾, 則爲橘. 生于淮北, 則爲枳¹²⁾. 葉徒相似¹³⁾, 其實味不

---

1) 使(사): 동사로서 '사신으로 가다'의 뜻.
2) 爲(위): 만들다. 延(연): 인도하다, 불러들이다.
3) 儐(빈): 주인을 도와 손님을 인도하다.
4) 臨淄(임치): 齊(제)나라의 도읍지. 閭(려): 스물다섯 집이 사는 구역을 가리킴.
5) 張袂成陰(장몌성음): 소매를 펼치면 해를 가릴 수 있을 만큼 사람이 많다는 뜻. 袂(몌): 소매.
6) 揮汗成雨(휘한성우): 땀이 비 오듯 하다. 역시 사람이 많음을 형용.
7) 比肩繼踵(비견계종): 어깨를 나란히 하고 발꿈치를 이음. 사람이 많아 혼잡한 모양을 형용.
8) 習辭者(습사자): 언사에 뛰어난 사람.
9) 坐(좌): 죄, 범죄.
10) 酣(감): 술을 거나하게 마셔 주흥이 한창 일어남. 또, 그 때.
11) 淮(회): 淮水(회수). 河南省(하남성) 桐柏山(동백산)에서 발원하여 安徽省(안휘성), 江蘇省(강소성)을
　　거쳐 황하로 흘러들어가는 약 1000km의 큰 강.

同. 所以然者何[14]? 水土異也. 今民生長于齊不盜, 入楚則盜, 得無楚之水土使民善盜耶?" 王笑曰: "聖人非所與熙也[15], 寡人反取病焉[16]."

『晏子春秋(안자춘추)』卷六

♣ 설명

1) 齊無人耶, 使子爲使

- 耶: 의문을 나타낸다.
- 子: 이인칭 대명사.
- 使: 앞의 것은 '~로 하여금'의 뜻으로 사역형 문장을 형성하는 기능을 하고 뒤의 것은 명사로 쓰여 '使臣'의 뜻.

2) 何爲無人

- 何爲: 어찌하여, 어째서. 부정부사와 함께 쓰여 반문의 어기를 나타낸다.

3) 故直使楚矣

- 直~矣: 다만 ~일 뿐이다.[한정의 어기를 나타냄]

4) 吾欲辱之, 何以也

- 之: 지시대명사로서 여기서는 '晏嬰'을 가리킴.
- 何以: 의문사로서 '무엇으로써'의 뜻.
- 也: 의문사가 쓰인 의문문에서 문말 어기조사로 쓰이는 경우가 많다.

5) 爲其來也, 臣請縛一人, 過王而行

- 爲: 여기에서는 가정을 나타내어 '如'와 쓰임이 같다.

6) 何爲者也

....

12) 枳(지): 탱자나무. 운향과에 속하는 낙엽 교목. 枸橘(구귤)이라고도 함. 과육은 작은데 맛이 시다.
13) 徒(도): 다만.
14) 所以然(소이연): 그렇게 된 까닭.
15) 熙(희): 기뻐하며 웃다, 농담하다.
16) 反(반): 오히려.

· 의문사 何가 빈어로 쓰여 동사[爲]앞에 놓였다.

7) 曷爲者也

　· 曷: 何와 쓰임이 같다.

8) 得無楚之水土使民善盜耶

　· 得: 能과 같다.

　· 無~耶: 부정부사와 의문어기조사가 같이 쓰여 반문의 어기를 나타낸다.

　· 使: 사역을 나타내는 동사로 쓰임.

※ 晏嬰(안영): ?~B.C.500. 중국 齊(제)나라의 정치가. 시호 平仲(평중). 통칭 晏子(안자)라고 한다. 제나라의 靈(영)·莊(장)·景(경)의 3대를 섬기면서 근면한 정치가로 국민의 신망이 두터웠고, 管仲(관중)과 비견되는 훌륭한 재상이었다. 『晏子春秋(안자춘추)』는 그의 저서로 전해지나 후세에 편찬된 것이다.

※ 『晏子春秋(안자춘추)』: 중국 춘추시대 말기 齊(제)나라의 명재상 晏嬰(안영)의 언행을 후대 사람이 기록했다는 책.

♣ 단어 활용

　使 : 使臣 使喚 密使 大使館 使命感

　揮 : 指揮 揮帳 發揮 揮發油

　繼 : 繼承 繼母 繼續 後繼者

　縛 : 結縛 束縛 捕縛

　盜 : 竊盜 盜癖 盜用 盜聽 强盜

　似 : 類似 近似 似而非

汝凍吾兒여동오아

艾子¹⁾有孫, 慵劣²⁾不學, 每加杖³⁾而不悛⁴⁾. 其子僅⁵⁾有是兒. 恒⁶⁾恐兒之不勝杖而死也. 責⁷⁾必涕泣⁸⁾以請. 艾子怒曰, 吾爲若敎子, 不善耶. 杖之愈⁹⁾峻¹⁰⁾, 其子無如之何¹¹⁾. 一日雪, 孫搏¹²⁾雪而嬉¹³⁾. 艾子見之, 褫¹⁴⁾其衣, 使跪¹⁵⁾雪中. 其子不復敢言, 亦脫其衣跪其傍. 艾子驚問曰, 汝兒有罪, 應受此罰, 汝何與¹⁶⁾焉. 其子泣曰, 汝凍吾兒, 吾亦凍汝兒. 艾子笑而釋之.

『艾子後語(애자후어)』

♣ 설명

1) 責必涕泣以請

....

1) 艾子(애자): 우화집인 『艾子雜說(애자잡설)』, 『艾子後語(애자후어)』에 등장하는 가공의 인물.
2) 慵劣(용렬): 게으르고 머리가 우둔하다.
3) 加杖(가장): 매를 가하다, 매를 때리다.
4) 悛(전): 뉘우쳐 고치다, 회개하다.
5) 僅(근): 겨우.
6) 恒(항): 항상, 늘.
7) 責(책): 꾸짖다, 책망하다.
8) 涕泣(체읍): 눈물을 흘리며 울다.
9) 愈(유): 더욱, 점점 더.
10) 峻(준): 엄하다.
11) 無如之何(무여지하): 어찌하지 못하다, 어찌할 도리가 없다.
12) 搏(박): 손으로 붙들다, 쥐다.
13) 嬉(희): 놀다, 장난하다.
14) 褫(치): 옷을 벗겨 빼앗다.
15) 跪(궤): 꿇어앉다.
16) 與(여): 동사로서 '더불어 하다' 또는 '관여하다'의 뜻.

· 以: 접속사로서 동사나 동사성 구를 연결하여 선후 관계를 표시함.

2) 吾爲若敎子

· 爲: 전치사로서 '~를 위하여'의 뜻.

· 若: 2인칭 대명사. 艾子의 아들을 가리킴.

3) 使跪雪中

· 使: 사역을 나타내어 '눈 속에 꿇어앉히다'로 해석된다.

4) 汝何與焉

· 何~焉: 반문의 어기를 나타내어 '어찌 ~하는가'의 뜻

※『艾子後語(애자후어)』: 明代(명대)에 蘇州(소주) 사람인 陸灼(육작)이 지은 寓言集 (우언집). 宋代(송대)에 蘇軾(소식)의 이름을 도용하여 출판된『艾子雜說(애자잡설)』 을 본떠 지은 책으로 15편의 이야기를 싣고 있다.

♣ 단어 활용

劣 : 劣惡 劣勢 優劣 拙劣

搏 : 脈搏 搏殺 龍虎相搏

脫 : 脫稿 脫退 脫營 疎脫 離脫

凍 : 冷凍 凍傷 凍死

罰 : 罰金 罰則 賞罰 刑罰

薛公¹⁾相²⁾齊, 齊威王³⁾夫人死. 中⁴⁾有十孺子⁵⁾, 皆貴於王. 薛公欲知王所欲立, 而請置⁶⁾一人以為⁷⁾夫人. 王聽之, 則是說行於王, 而重⁸⁾於置夫人也; 王不聽, 是說不行, 而輕⁹⁾於置夫人也. 欲先知王之所欲置以勸王置之. 於是¹⁰⁾為¹¹⁾十玉珥¹²⁾, 而美¹³⁾其一而獻之. 王以賦¹⁴⁾十孺子. 明日坐, 視美珥之所在¹⁵⁾, 而勸王以為夫人.

『韓非子』「外儲說右上(외저설우상)」第三十四

♣ 설명

1) 貴於王

　· 於: 피동을 나타내는 개사로 뒤에 행위의 주동재[王]이 나온다. 그리하여 '왕에

----

1) 薛公(설공): 田嬰(전영)은 薛(설)땅에 봉해 졌기 때문에, 薛公(설공)이라고도 불리어졌다.
2) 相(상): 동사로서 '재상이 되다'의 뜻.
3) 齊威王(제위왕): 宣王(선왕)의 아버지. B.C.357-B.C.320년 재위. 田嬰(전영)은 威王(위왕)의 아들.
4) 中(중): 宮中(궁중).
5) 孺子(유자): '어린이, 여자' 등의 뜻이 있으나, 여기에서는 妾(첩)의 의미로 쓰였음.
6) 置(치): 立 '세우다'의 의미.
7) 爲(위): '~로 삼다'의 뜻.
8) 重(중): 동사로서 '중히 여기다, 소중히 여기다'의 뜻.
9) 輕(경): 동사로서 '가벼이 여기다, 경시하다'의 뜻.
10) 於是(어시): 이에, 그리하여.
11) 爲(위): 만들다.
12) 玉珥(옥이): 옥으로 만든 귀고리.
13) 美(미): 동사로 '아름답게 하다, 꾸미다'의 뜻.
14) 賦(부): 주다, 나누어주다.
15) 所在(소재): 있는 바, 있는 곳.

게서 귀하게 여겨지다. 왕의 총애를 받다'의 뜻이 됨.

2) 置一人以爲夫人

· 以: 접속사로서 두 개의 동사 또는 동사구를 연결하여 두 행위의 시간상 선후 관계를 나타낸다.

3) 王聽之, 則是說行於王

· 則: 주로 '則'을 중심으로 하는 두 사항의 순접 관계를 나타낸다. 즉 '則' 앞의 것은 전제를 나타내고 뒤는 그에 대한 결과나 판단을 표현한다.

· 於: 피동을 나타냄.

4) 而重於置夫人也

· 於: 피동을 나타냄.

· 置夫人: '所置之夫人'의 뜻.

· 也: 인과를 나타내는 문장의 문미에 사용되어 '～이기 때문이다'로 해석할 수 있다.

5) 王以賦十孺子

· 以가 구성하는 개사구는 동사 앞에 놓일 수 있는데 여기서는 '以'의 빈어(十玉珥)가 생략되었다.

♣ 단어 활용

置 : 設置 置重 處置 配置 位置

勸 : 勸告 勸奬 勸勉 勸善懲惡

輕 : 輕重 輕率 輕蔑 輕微 輕犯罪

賦 : 賦與 賦課 賦役 割賦 天賦的 月賦金

曾子之妻之市, 其子隨之而泣. 其母曰: "女還[1], 顧反爲女殺彘[2]." 妻適市來[3], 曾子欲捕彘殺之[4]. 妻止之曰: "特與嬰兒戱耳[5]." 曾子曰: "嬰兒非與戱也. 嬰兒非有知也, 待父母而學者也[6], 聽父母之敎[7]. 今子欺之[8], 是敎子欺也. 母欺子, 子而不信其母, 非以成敎也." 遂烹彘也[9].

『韓非子(한비자)』「外儲說左上」

♣ 설명

1) 曾子之妻之市, 其子隨之而泣.
· 之: '曾子之妻'의 '之'는 앞의 한정어[曾子]를 뒤의 중심어[妻]에 소개시켜주는 역할을 하는 助詞(조사). 대체로 '~의, ~한'으로 해석된다. '之市'의 '之'는 동사로 '가다'의 뜻으로 쓰였다. 그리고 '隨之'의 '之'는 代詞(대사)로 쓰여 '그, 그들, 그것' 등으로 해석된다.

2) 特與嬰兒戱耳.
· 特~耳: 사물이나 행위의 범위나 정도를 한정하는 뜻을 나타낸다. 限定形(한정형)

1) 女(녀): 너. 이인칭 대명사. 還(환): 돌아오다, 돌아가다.
2) 顧(고): 돌아가다. 反(반): 돌아가다. 彘(체): 돼지.
3) 適(적): 막.
4) 捕(포): 사로잡다.
5) 特(특): 단지, 다만. 嬰兒(영아): 어린 아이. 戱(희): 장난치다, 농담하다.
6) 待(대): 의지하다, 기대다.
7) 聽(청): 듣다, 따르다.
8) 欺(기): 속이다.
9) 遂(수): 마침내, 결국. 烹(팽): 삶다.

구문을 구성하여 '다만~할 따름이다'로 해석된다.

※ 曾子(증자) : B.C.506~B.C.436. 이름은 삼(參). 자는 子輿(자여). 아버지는 曾點(증점). 山東省(산동성) 출생. 孔子(공자)의 제자로 魯(노)나라 지방에서 제자들의 교육에 주력하였다. 『孝經(효경)』의 작자라고 전해지나 확실하지 않다. 증자의 사상은 『曾子(증자)』18편 가운데 10편이 『大戴禮記(대대례기)』에 남아 전하는데, 孝(효)와 信(신)을 도덕 행위의 근본으로 한다. 그 가르침이 공자의 손자 子思(자사)를 거쳐 孟子(맹자)에게 전해져 유교사상사(儒敎思想史)에 있어 중요한 위치를 차지한다.

♣ 단어 활용
還 : 歸還 生還 送還 還甲 返還
顧 : 顧客 顧問 顧慮 三顧草廬
特 : 特別 特殊 奇特

破甕救友 파옹구우

司馬光幼與¹⁾群兒戲, 一兒墜大水甕²⁾中已沒. 群兒驚走, 不能救, 光取石破甕, 兒得出, 人知其智不凡³⁾.

『宋史(송사)』

♣ 설명

1) 兒得出

· 得: 가능을 나타냄. 能과 같다.

※ 司馬光(사마광): 1019~1086. 중국 宋(송)나라 때의 학자, 정치가. 字는 君實(군실), 호는 迂叟(우수), 迂夫(우부). 神宗(신종) 초년에 王安石(왕안석)의 新法(신법)에 반대하여 관직에서 물러나 『資治通鑑(자치통감)』 편찬에 전념하였다.

※ 『宋史(송사)』: 중국 正史(정사)의 하나로 1345년에 완성하였다. 本紀(본기) 47권, 志(지) 162권, 表(표) 32권, 列傳(열전) 255권 등 전 496권이다. 北宋(북송) 이래 각 황제마다 편찬한 국사나 實錄(실록) · 日曆(일력) 등을 기초로 하였다.

♣ 단어 활용

幼 : 幼稚 幼兒 幼蟲 長幼有序
戲 : 戲弄 遊戲 戲劇
驚 : 驚氣 驚蟄 驚歎 震驚
智 : 智慧 智略 機智 仁義禮智

1) 與(여): 더불어.
2) 甕(옹): 항아리.
3) 不凡(불범): 평범하지 않다.

智之端¹⁾人皆有之, 惟智過人者能發其端. 魏曹沖²⁾五六歲有成人之智, 孫權³⁾曾致⁴⁾巨象, 曹操欲知其重⁵⁾. 沖曰, 置象大船之上, 而刻其水痕所至, 稱⁶⁾物而載⁷⁾之, 則校⁸⁾可知矣. 操大悅而行⁹⁾之.

『梁谿漫志(양계만지)』

♣ 설명

1) 智之端人皆有之

· 之: 앞의 것은 한정어와 수식어를 연결하는 구조조사로 '~의', 뒤의 것은 지시대명사로 '智之端'을 가리킴.

2) 無所不可

· 부정을 나타내는 '無'와 '不'을 같이 써서 강한 긍정의 어기를 나타냄.

※ 『梁谿漫志(양계만지)』: 宋(송)의 費袞(비곤)이 편찬한 책으로 조정의 典故(전고), 여

----

1) 端(단): 실마리, 근본.
2) 曹沖(조충): 曹操(조조)의 여덟 번째 아들로, 13세의 어린 나이로 일찍 죽었다. 어려서 명석한 두뇌로 일을 해결하곤 하였다. 曹丕(조비)는 황제가 된 후에 "조충이 일찍 죽지 않았다면 나는 이 자리에 없었을 것"이라고 얘기를 했다.
3) 孫權(손권): 삼국시대 吳(오)나라의 초대 황제. 형 孫策(손책)의 뒤를 이어 江東(강동)을 영유하고 劉備(유비)와 동맹하여 曹操(조조)를 赤壁(적벽)에서 격파하였다.
4) 致(치): 보내다, 전하다.
5) 重(중): 명사로 쓰여 '무게'의 뜻.
6) 稱(칭): 저울질하다, 무게를 달다.
7) 載(재): 싣다, 적재하다.
8) 校(교): 동사로 '세다, 계산하다'의 뜻.
9) 行(행): 행하다, 시행하다.

러 가지 雜事(잡사) , 史傳(사전)에 대한 고증 , 神怪(신괴)한 이야기 등 다양한 내용을 싣고 있다. 총 10권.

♣ 단어 활용
端 : 端整 尖端 端午 異端 端末機
權 : 權利 權限 權勢 有權者 權謀術數
致 : 一致 理致 致誠 筆致 致命傷
載 : 連載 記載 搭載 積載

齊王厚送女, 欲妻¹⁾屠牛吐²⁾, 屠牛吐辭³⁾以疾. 其友曰: "子終死腥臭之肆⁴⁾而已乎? 何爲辭之?" 吐應之曰: "其女醜." 其友曰: "子何以⁵⁾知之?" 吐曰: "以吾屠知之." 其友曰: "何謂也?" 吐曰: "吾肉善, 如量而去苦少耳⁶⁾; 吾肉不善, 雖以他附益之⁷⁾, 尚猶賈不售⁸⁾. 今厚送子, 子醜故⁹⁾耳." 其友後見之, 果醜. 傳曰: "目如擗杏¹⁰⁾, 齒如編貝."

『韓詩外傳(한시외전)』 卷九

♣ 설명

1) 子終死腥臭之肆而已乎

· 而已: 耳와 같으며, '~할 따름이다'

· 乎: 의문조사

2) 雖以他附益之

· 雖: '비록 ~일지라도'[양보를 나타냄]

※ 『韓詩外傳(한시외전)』: 漢(한)의 韓嬰(한영)이 선진 제자의 학설 및 춘추 전국 때의

1) 妻(처): 여기에서는 '시집보내다'의 뜻.
2) 屠牛(도우): 소를 잡다. 吐(토): 사람 이름.
3) 辭(사): 사양하다.
4) 腥臭之肆(성취지사): 비린내 나는 도살장. 푸줏간.
5) 何以(하이): 무엇으로써, 어찌하여.
6) 如量而去苦少耳: 제대로 양을 주어도 팔려나가는 괴로움이 적다. 즉, 잘 팔려 나간다는 뜻.
7) 附益(부익): 더 보태다.
8) 尙(상): 오히려. 猶(유) 오히려. 賈(고): 장사하다. 售(수): 팔다, 팔리다.
9) 故(고): 이유, 까닭.
10) 擗(벽): 쪼개다, 가르다. 杏(행): 살구.

사적을 인용하여 시경의 뜻을 설명한 책. 총10권.

♣ 단어 활용
    屠 : 屠戮 屠殺 屠肆
    疾 : 疾病 疾視 疾走 疾患 疾風怒濤
    附 : 附着 添附 附加稅 附和雷同
    編 : 編輯 編纂 編入 編年體

제 **5**부

고전의 향기

屈原

屈原旣放¹⁾, 游於江潭²⁾, 行吟澤畔³⁾, 顔色憔悴⁴⁾, 形容枯槁⁵⁾. 漁父見而問之曰, "子非三閭大夫與⁶⁾? 何故至於斯?" 屈原曰, "擧世皆濁⁷⁾, 我獨淸. 衆人皆醉, 我獨醒. 是以見放." 漁父曰, "聖人不凝滯於物⁸⁾, 而能與世推移⁹⁾. 世人皆濁, 何不淈其泥而揚其波¹⁰⁾? 衆人皆醉, 何不餔其糟而歠其醨¹¹⁾? 何故深思高擧¹²⁾, 自令放爲?" 屈原曰, "吾聞之, 新沐者必彈冠¹³⁾, 新浴者必振衣¹⁴⁾. 安能以身之察察¹⁵⁾, 受物之汶汶者乎¹⁶⁾? 寧赴湘流葬於江魚之腹中¹⁷⁾, 安能以皓皓之白¹⁸⁾, 而蒙世俗之

1) 放(방): 추방되다. 旣(기): 이미.
2) 江(강): 湘水(상수)를 가리킴. 湖南省(호남성)에 있는 1500킬로미터 길이의 강으로 洞庭湖(동정호)로 흐르며 湘江(상강)이라고도 한다.
3) 行吟(행음): 방랑해 다니며 시를 읊다. 澤畔(택반): 물가.
4) 憔悴(초췌): 고생이나 병으로 시달려 파리하다.
5) 形容枯槁(형용고고): 꼴이 바짝 마르고 시들다. 形(형)은 전체적인 모습, 容(용)은 얼굴을 가리킴.
6) 三閭大夫(삼려대부): 春秋時代(춘추시대) 楚(초)나라의 왕족을 관할하던 벼슬.
7) 擧世(거세): 온 세상.
8) 凝滯(응체): 엉기고 막히다.
9) 推移(추이): 일의 형편에 따라 변하여 옮아가다.
10) 淈(굴): 휘저어 흐리게 하다.
11) 餔(포): 먹다. 糟(조): 지게미. 歠(철): 마시다. 醨(리): 묽은 술, 薄酒.
12) 高擧(고거): 고결하게 행동하다.
13) 沐(목): 머리를 감다. 彈冠(탄관): 갓을 털어 먼지를 떨어냄.
14) 浴(욕): 몸을 씻다. 振衣(진의): 옷을 털어서 먼지를 떨어냄.
15) 察察(찰찰): 결백한 모양.
16) 汶汶(문문): 수치스러운 모양, 부끄러운 모양.
17) 赴(부): 가다. 葬(장): 장사지내다.
18) 皓皓(호호): 희고 깨끗한 모양.

塵埃乎¹⁹⁾?" 漁父莞爾而笑²⁰⁾, 鼓枻而去²¹⁾. 乃歌曰, "滄浪之水淸兮²²⁾, 可以濯吾纓²³⁾. 滄浪之水濁兮, 可以濯吾足." 遂去不復與言.

♣ 설명

1) 子非三閭大夫與

· 子: 2인칭 대명사.

· 與: 의문조사. '歟'와 같다.

2) 是以見放

· 見: 피동을 나타내어 '~당하다'의 뜻.

3) 自令放爲

· 令: 사역동사로 쓰임.

· 爲: 의문이나 감탄을 나타내는 語氣助詞(어기조사).

4) 安能以身之察察, 受物之汶汶者乎

· 安能~乎: '어찌~할 수 있겠는가'. '安'은 의문사로 쓰여 '何'와 같다.

5) 寧赴湘流葬於江魚之腹中

· 寧: '차라리 ~할지언정'의 뜻으로 선택을 나타냄.

※ 屈原(굴원): 대략 B.C.343~B.C.278. 戰國時代(전국시대) 楚(초)나라 시인, 정치가. 楚辭(초사)의 창립자이며 대표 작가이다. 『史記(사기)』「屈原列傳(굴원열전)」에 의하면 이름은 平(평), 자는 原(원)이다. 懷王(회왕)의 左徒(좌도)를 지냈으나 회왕의 아들 子蘭(자란)의 참소로 추방당하여 長江(장강)일대를 떠돌다가 汨羅(멱라)에 빠져 죽었

....

19) 蒙(몽): 뒤집어쓰다, 덮어쓰다. 塵埃(진애): 먼지, 티끌.
20) 莞爾(완이): 빙그레 웃는 모양.
21) 鼓枻(고예): 노를 젓다.
22) 滄浪(창랑): 漢水(한수)의 하류.
23) 濯(탁): 씻다. 纓(영): 갓끈.

다. 작품으로 「離騷(이소)」, 「天問(천문)」, 「九歌(구가)」, 「九章(구장)」, 「漁父(어부)」
등이 있다.

♣ 단어 활용
　　放 : 放任 放恣 放心 放送局 追放 解放
　　吟 : 吟味 吟誦 吟風弄月 吟遊詩人 無病呻吟
　　擧 : 擧行 選擧 快擧 一擧兩得 一擧手一投足
　　醉 : 醉客 滿醉 麻醉 陶醉 醉生夢死
　　凝 : 凝結 凝固 凝視 凝集 凝縮
　　彈 : 彈壓 彈力 爆彈 彈劾 指彈
　　笑 : 嘲笑 冷笑 拍掌大笑 笑而不答 一笑千金

前出師表전출사표

諸葛亮

臣亮言. 先帝創業未半¹⁾, 而中道崩殂²⁾. 今天下三分³⁾, 益州疲弊⁴⁾, 此誠
危急存亡之秋也⁵⁾. 然侍衛之臣不懈於內⁶⁾, 忠志之士忘身於外者⁷⁾, 蓋追
先帝之殊遇⁸⁾, 欲報之於陛下也⁹⁾. 誠宜開張聖聽¹⁰⁾, 以光先帝遺德¹¹⁾,
恢弘志士之氣¹²⁾, 不宜妄自菲薄¹³⁾, 引喩失義¹⁴⁾, 以塞忠諫之路也.
宮中府中俱爲一體¹⁵⁾, 陟罰臧否¹⁶⁾, 不宜異同¹⁷⁾. 若有作奸犯科¹⁸⁾, 及

---

1) 先帝(선제): 蜀漢(촉한)의 초대 왕 劉備(유비, 160-223)를 말함. 創業(창업): 漢室(한실)의 부흥을 말함.
2) 崩殂(붕조): 죽다. 天子(천자)의 죽음을 가리킴. 諸侯(제후)가 죽는 것은 '薨(훙)', 大夫(대부)가 죽는 것은 '卒(졸)', 庶人(서인)이 죽는 것은 '死(사)'라고 한다.
3) 天下三分(천하삼분): 曹操(조조)는 華北(화북), 孫權(손권)은 東南(동남), 劉備(유비)의 蜀漢(촉한)은 西南(서남)에서 서로 대치한 것을 말함.
4) 益州(익주): 四川省(사천성)에 있는 地名. 당시 蜀漢(촉한)의 영토였다.
5) 誠(성): 진실로, 참으로. 秋(추): 때, 時.
6) 侍衛(시위): 임금을 모시고 호위하다. 懈(해): 게으르다, 나태하다.
7) 亡身(망신): 자신의 몸을 잊어버리다. 목숨을 돌보지 않는다는 뜻.
8) 追(추): 추념하다. 殊遇(수우): 특별한 대우.
9) 陛下(폐하): 신하가 임금을 부르는 말, 여기서는 劉備의 아들 劉禪(유선)을 가리킨다.
10) 開張(개장): 넓게 열다.
11) 光(광): 동사로서 '빛내다'의 뜻.
12) 恢弘(회홍): 넓고 크게 하다.
13) 妄自菲薄(망자비박): 망령되게 스스로 菲才薄德 하다고 자책하다. '菲(비)'와 '薄(박)'은 모두 '얇다'는 뜻.
14) 引喩失義(인유실의): 도리에 안 맞는 예를 인용하여 義를 잃다.
15) 宮中(궁중): 宮廷(궁정). 府中(부중): 丞相府(승상부).
16) 陟罰臧否(척벌장부): 공이 있는 자는 승진시키고, 죄 지은 자는 벌을 주다. '陟(척)'은 '승진시키다', '臧(장)'은 '잘 하다', '善'의 뜻.
17) 異同(이동): 다르다. '同'은 무의미한 助字(조자).
18) 犯科(범과): 죄를 범하다, '科'는 법률 조문을 말함.

爲忠善者, 宜付有司[19], 論其刑賞, 以昭陛下平明之理[20], 不宜偏私, 使內外異法也[21].

侍中·侍郎·郭攸之·費褘·董允等[22], 此皆良實, 志慮忠純, 是以先帝簡拔以遺陛下[23]. 愚以爲宮中之事[24], 事無大小, 悉以咨之[25], 然後施行, 必能裨補闕漏[26], 有所廣益. 將軍向寵[27], 性行淑均[28], 曉暢軍事[29], 試用於昔日, 先帝稱之曰能, 是以衆議擧寵爲督[30]. 愚以爲營中之事, 事無大小, 悉以咨之, 必能使行陣和睦[31], 優劣得所.

親賢臣, 遠小人, 此先漢所以興隆也, 親小人, 遠賢臣, 此後漢所以傾頹也[32]. 先帝在時, 每與臣論此事, 未嘗不歎息痛恨於桓靈也[33]. 侍中·尚書·長史·參軍[34], 此悉貞亮死節之臣[35]. 願陛下親之信之, 則漢室之

....

19) 有司(유사): 실무를 담당하는 관리.
20) 昭(소): 밝히다. 平明(평명): 공평하고 진리에 밝음. 理(리): 다스림.
21) 內外(내외): 宮中(궁중)과 府中(부중)을 가리킴.
22) 侍中(시중), 侍郎(시랑): 官名, 임금의 侍從官(시종관)이다. 郭攸之(곽수지)·費褘(비위)·董允(동윤): 모두 人名.
23) 簡拔(간발): 적당한 인물을 가려 뽑음.
24) 愚(우): 자기의 겸칭. 以爲(이위): 생각건대, 생각하기를.
25) 悉以咨之(실이자지): 모두 다 그들에게 자문하다.
26) 裨補(비보): 보충하고 돕다. 闕漏(궐루): 빠지고 허술한 것. 실수.
27) 向寵(상총): 人名. 나중에 전사함.
28) 淑均(숙균): 맑고 공평하다.
29) 曉暢(효창): 사물의 이치에 밝아 두루 알다.
30) 擧(거): 천거하다. 督(독): 감독관, 지휘관.
31) 行陣(행진): 부대. 行은 25人으로 구성됨.
32) 傾頹(경퇴): 나라가 기울어지고 쇠퇴하다.
33) 桓靈(환령): 後漢(후한)의 桓帝(환제)와 靈帝(영제)를 말함. 둘 다 宦官(환관)을 重用(중용)하여 국정이 문란해졌다.
34) 尙書(상서)·長史(장사)·參軍(참군): 모두 官名, 왕의 詔令(조령) 및 軍務(군무)를 맡아 보는 관직이다.
35) 貞亮(정량): 절개가 굳고 진실하다.

隆, 可計日而待也. 臣本布衣[36], 躬耕於南陽[37], 苟全性命於亂世[38], 不求聞達於諸侯[39]. 先帝不以臣卑鄙[40], 猥自枉屈[41], 三顧臣於草廬之中[42], 諮臣以當世之事, 由是感激, 遂許先帝以驅馳[43]. 後値傾覆[44], 受任於敗軍之際, 奉命於危難之間, 爾來二十有一年矣[45]. 先帝知臣謹愼, 故臨崩寄臣以大事也. 受命以來, 夙夜憂歎[46], 恐託付不效, 以傷先帝之明.

故五月渡瀘[47], 深入不毛[48]. 今南方已定, 兵甲已足[49], 當獎率三軍[50], 北定中原. 庶竭駑鈍[51], 攘除姦凶[52], 興復漢室, 還于舊都, 此臣所以

---

36) 布衣(포의): 무명옷을 입은 관직이 없는 평범한 사람.
37) 躬(궁): 몸, 몸소. 南陽(남양): 漢(한)의 南陽郡(남양군), 당시 諸葛亮(제갈량)은 南陽郡(서양군) 서쪽 隆中(융중)에서 살고 있었다.
38) 苟(구): 겨우, 구차하게. 性命(성명): 생명.
39) 聞(문): 소문이 나다. 達(달): 자세히 알려지다.
40) 卑鄙(비비): 신분이 미천함.
41) 猥自枉屈(외자왕굴): 외람되게도 몸소 몸을 굽혀 찾아오다. '枉屈(왕굴)'은 신분이 높은 사람이 낮은 사람을 몸소 찾을 때 쓰는 말로 '枉駕(왕가)', '枉臨(왕림)'과 같은 뜻이다.
42) 草廬(초려): 초가집.
43) 驅馳(구치): 힘을 다해 뛰어다니다, 여기서는 軍國(군국)의 일에 盡力(진력)하는 것을 말한다.
44) 値(치): …를 당하다, 봉착하다. 傾覆(경복): 기울어지고 엎어짐. 나라가 기울어 망하려는 경우를 말함. 여기서는 劉備(유비)가 曹操(조조)와 싸워 當陽(당양)의 長坂(장판)에서 패한 일을 가리킴.
45) 爾來(이래): 그로부터 지금까지. 이처럼 '來' 자는 而來, 以來 등과 같이 '爾, 而, 以'자 뒤에 붙어 시간이 어느 시점으로부터 지금까지 이른 것을 나타낸다.
46) 夙夜(숙야): 이른 아침과 밤, 즉 아침부터 밤까지.
47) 五月渡瀘(오월도로): 建興(건흥) 3년 5월에 諸葛亮(제갈량)은 瀘水(노수)를 건너 南蠻(남만)을 토벌하였다. 瀘水는 四川省(사천성)에 있는 江이름.
48) 不毛(불모): 불모지. '毛'는 의미상 草木(초목)의 뜻.
49) 兵甲(병갑): 무기와 갑옷, 즉 軍備(군비)를 말한다.
50) 當(당): 응당, 마땅히. 獎率(장솔): 독려하여 인솔하다. 三軍(삼군): 周禮(주례)에 의하면 천자는 六軍(육군)을, 제후국 중 大國(대국)은 三軍(삼군), 다음은 二軍(이군), 小國(소국)은 一軍(일군)을 둘 수 있으며, 一軍의 군사는 12,500명이라 한다. 여기서는 全軍(전군)을 통틀어 말한 것이다.
51) 庶(서): 바라건대, 원하건대. 駑鈍(노둔): 느린 말과 무딘 칼. 대개 자신의 역량을 겸손하게 말할 때 씀.
52) 攘除(양제): 물리쳐 배척하다. 소멸시키다.

報先帝, 而忠陛下之職分也. 至於斟酌損益, 進盡忠言, 則攸之·褘·允之任也. 願陛下託臣以討賊興復之效. 不效則治臣之罪, 以告先帝之靈. 若無興德之言, 則責攸之·褘·允等之慢⁵³⁾, 以彰其咎⁵⁴⁾. 陛下亦宜自謀, 以諮諏善道⁵⁵⁾, 察納雅言⁵⁶⁾, 深追先帝遺詔. 臣不勝受恩感激, 今當遠離, 臨表涕泣, 不知所言.

♣ 설명

  1) 誠宜開張聖聽, … 不宜妄自菲薄 …

    · 宜: 마땅히 ～해야 한다. ('…志士之氣'까지 걸림)

    · 不宜: 마땅히 ～해서는 안 된다.('…忠諫之路也'까지 걸림)

  2) 未嘗不歎息痛恨於桓靈也

    · 未嘗不: '일찍이 ～하지 않은 적이 없다.' 이중 부정의 형태로 강한 긍정을 나타낸다.

  3) 苟全性命於亂世, 不求聞達於諸侯

    · 於: 앞의 것은 장소를, 뒤의 것은 대상을 나타낸다.

  4) 先帝不以臣卑鄙, 猥自枉屈, 三顧臣於草廬之中, 諮臣以當世之事

    · 以: 앞의 것은 동사로 쓰여 '여기다'의 뜻. 뒤의 것은 以의 빈어가 동작의 대상을 끌어내는 기능을 하여 '을, 를'로 해석된다.

  5) 恐託付不效, 以傷先帝之明

    · 以: 접속사처럼 쓰여 두 가지 행위의 시간상 전후 관계를 표시한다.

  6) 此臣所以報先帝, 而忠陛下之職分也

    · 所以: ～하는 바

....

53) 慢(만): 태만함, 소홀함.
54) 彰其咎(창기구): 그의 죄를 세상에 널리 밝히다.
55) 諮諏(자추): 물어서 서로 의논하다.
56) 察納(찰납): 살펴서 받아들이다. 雅言(아언): 바른 말, '雅'는 '正'의 뜻.

· 而: 두 문장을 이어주는 기능을 하여 연결 관계를 나타냄.

· 之: 수식어와 피수식어를 연결해주는 관형사로 쓰임.

7) 若無興德之言, 則責攸之·褘·允等之慢

· 若: 가정을 나타내어 '만약~하다면'의 뜻. 則과 호응하여 쓰이는 경우가 많다.

※ 諸葛亮(제갈량): 181~234. 字는 孔明(공명), 三國時代(삼국시대) 蜀(촉)나라의 丞相(승상)이다. 隆中(융중)에 은거하여 臥龍先生(와룡선생)이라 칭해졌는데, 劉備(유비)가 세 번이나 그를 찾아준 것에 감동하여 그를 도와 漢室(한실)의 부흥을 꾀하였으나 뜻을 이루지 못하고 五丈原(오장원)에서 전사하였다.

♣ 단어 활용

崩 : 崩壞 崩潰 崩御 瓦解土崩

疲 : 疲困 疲勞 疲弊

遇 : 待遇 遭遇 不遇 禮遇 千載一遇

塞 : 閉塞 梗塞 窮塞 要塞

偏 : 偏見 偏愛 偏食 偏重 偏頗

漏 : 漏水 漏泄 漏落 漏電 脫漏

猥 : 猥濫 猥褻

彰 : 彰德 彰著 彰顯 表彰狀

陶淵明

晉太元中[1], 武陵人捕魚爲業[2], 緣溪行[3], 忘路之遠近, 忽逢桃花林. 夾岸數百步[4], 中無雜樹, 芳草鮮美[5], 落英繽紛[6]. 漁人甚異之, 復前行, 欲窮其林. 林盡水源, 便得一山. 山有小口, 髣髴若有光[7], 便捨船從口入. 初極狹, 纔通人[8], 復行數十步, 豁然開朗[9]. 土地平曠, 屋舍儼然[10], 有良田美池桑竹之屬[11], 阡陌交通[12], 雞犬相聞. 其中往來種作[13], 男女衣著, 悉如外人[14], 黃髮垂髫[15], 並怡然自樂[16]. 見漁人, 乃大驚, 問所從來, 具答之[17]. 便要還家[18], 設酒殺雞作食. 村中聞有此

---

1) 太元(태원): 晉(진) 孝武帝(劉曜)의 연호(373-396).
2) 武陵(무릉): 지명. 지금의 湖南省(호남성) 常德縣(상덕현).
3) 緣(연): 좇다, 따르다.
4) 夾岸(협안): 좌우 兩岸(양안).
5) 鮮美(선미): 곱고 아름다움.
6) 落英(낙영): 落花. 繽紛(빈분): 많고 성한 모양, 꽃 같은 것이 떨어져 어지럽게 흩어지는 모양.
7) 髣髴(방불): '彷佛(방불)'과 같은 뜻. 마치 ~인 듯하다.
8) 纔(재): 겨우, 간신히.
9) 豁然(활연): 시원하게 트인 모양. 開朗(개랑): 탁 터져 환함.
10) 儼然(엄연): 가지런한 모양.
11) 屬(속): '類(류)'의 뜻.
12) 阡陌交通(천맥교통): 밭의 길이 사방으로 통하다. '阡(천)'은 남북으로 난 길, '陌(맥)'은 동서로 난 길.
13) 種作(종작): 씨를 뿌리고 곡식을 지음. 耕作(경작).
14) 悉(실): 모두, 다.
15) 黃髮垂髫(황발수초): 노인과 아이들. '黃髮(황발)'은 노인을, '垂髫(수초)'는 어린아이의 늘어뜨린 머리를 말함.
16) 怡然(이연): 기뻐하는 모양, 즐거워하는 모양. 怡怡(이이).
17) 具(구): 전부, 상세하게.

人, 咸來問訊[19]. 自云, "先世避秦時亂, 率妻子邑人來此絶境, 不復出焉, 遂與外人間隔[20]." 問今是何世, 乃不知有漢[21], 無論魏晉[22]. 此人一一爲具言所聞, 皆歎惋[23]. 餘人各復延至其家[24], 皆出酒食. 停數日辭去. 此中人語云, "不足爲外人道也[25]." 旣出得其船, 便扶向路[26], 處處誌之[27]. 及郡下, 詣太守[28], 說如此, 太守卽遣人隨其往, 尋向所誌, 遂迷不復得路. 南陽劉子驥[29], 高尚士也, 聞之, 欣然規往[30], 未果[31], 尋病終[32]. 後遂無問津者.

※ 陶淵明(도연명): 365~427. 晋末(진말) 宋初(송초)의 전원 시인. 이름은 潛(잠), 潯陽(심양) 사람. 첫 번째 벼슬은 江州祭酒(강주제주), 이후 여러 군벌들의 參軍職(참군직)에 나아갔다가 물러났다가 하면서 마지막으로 彭澤令(팽택령)에 나아갔으나 80여 일 만에 다시 그만두었다. 『宋書(송서)』 「隱逸傳(은일전)」에 보면 다섯 말 쌀 때문에 시골뜨기 아이놈에게 허리를 굽힐 수 없다고 하고는 印綬(인수)를 풀어 던지고 집으

....

18) 要(요): 邀(요), 초대하다.
19) 咸(함): 모두, 다.
20) 間隔(간격): 내왕이 끊겼다는 뜻.
21) 乃(내): 의외로, 뜻밖에.
22) 無論(무론): ～은 물론이고, ～은 말할 것도 없고. '毋論', '勿論'과 같다.
23) 歎惋(탄완): 탄식하고 놀라다.
24) 延(연): 초빙하다, 초청하다.
25) 道(도): 말하다.
26) 向(향): 접때, 이전(向日, 向者 - 지난 번, 접때).
27) 誌(지): 표시하다.
28) 詣(예): 가서 만나다.
29) 劉子驥(유자기): 『晉書』 「隱逸傳」에 보임. 이름은 驎之, 子驥는 字.
30) 欣然(흔연): 기뻐하는 모양. 規(규): 계획하다, 꾀하다.
31) 果(과): 실현하다, 성취하다.
32) 尋(심): 얼마 안 있어, 이윽고.

로 돌아갔다 한다.

♣ 단어 활용
  捕 : 捕縛 捕虜 捕手 生捕 逮捕
  落 : 邑落 一段落 沒落 墮落 落點
  率 : 率直 輕率 引率 統率 比率
  絶 : 絶世佳人 絶妙 絶命 絶壁 絶對
  隔 : 間隔 隔離 隔世之感 隔差 隔意
  規 : 規範 規則 新規 規模 規制

陶淵明

先生不知何許人¹⁾, 亦不詳其姓字. 宅邊有五柳樹因以爲號焉²⁾. 閑靜
少言³⁾, 不慕榮利. 好讀書, 不求甚解⁴⁾, 每有會意⁵⁾, 便欣然忘食. 性嗜
酒, 家貧, 不能常得, 親舊知其如此, 或置酒而招之, 造飲輒盡⁶⁾, 期在
必醉⁷⁾, 旣醉而退, 曾不吝情去留⁸⁾. 環堵蕭然⁹⁾, 不蔽風日, 短褐穿
結¹⁰⁾, 簞瓢屢空¹¹⁾, 晏如也¹²⁾. 常著文章自娛, 頗示己志¹³⁾, 忘懷得失¹⁴⁾,
以此自終.

贊曰¹⁵⁾, 黔婁有言¹⁶⁾, '不戚戚於貧賤¹⁷⁾, 不汲汲於富貴¹⁸⁾. 極其言¹⁹⁾, 玆

------

1) 何許(하허): 어느 곳, 어느 지방. '何處(하처)'와 같다.
2) 以爲(이위): ～로 여기다, ～로 삼다.
3) 閑靖(한정): 조용하고 마음이 편안함.
4) 不求甚解(불구심해): 字句(자구)에 지나치게 천착하지 않는다.
5) 會意(회의): 뜻에 맞다. 곧, '마음에 드는 글이 있을 때마다'
6) 造飲輒盡(조음첩진): 와서 마시는데 번번이 다 마셔버린다. '造(조)'는 '이르다, 오다'. '輒(첩)'은 '번번이, 그럴 때마다'의 뜻.
7) 期(기): 뜻함, 의도함.
8) 吝情(인정): 마음을 쓰는 것.
9) 環堵(환도): 동서남북에 1丈(장) 길이로 친 담. 좁은 집을 뜻함. 蕭然(소연)은 쓸쓸하고 허전한 모양.
10) 短褐穿結(단갈천결): 짧은 베옷은 구멍이 나서 꿰매 입다.
11) 簞瓢屢空(단표누공): 종종 먹고 마실 것이 떨어졌다는 뜻. '簞(단)'은 '대나무 밥그릇', '瓢(표)'는 '표주박', '屢(루)'는 '자주'의 뜻.
12) 晏如(안여): 마음이 편안하고 침착한 모양. '晏然'과 같다.
13) 頗(파): 자못, 조금, 약간.
14) 忘懷得失(망회득실): 성공과 실패를 전혀 생각하지 않다.
15) 贊(찬): 史傳文(사전문)의 뒤에 붙어 종종 贊(찬)을 붙여 인물이나 사건에 대한 總評(총평)을 함.
16) 黔婁(검루): 齊(제)의 隱士(은사). 평생을 청빈하게 지내면서 出仕(출사)를 원치 않았다.

若人之儔乎[20]? 酣觴賦詩[21], 以樂其志. 無懷氏之民歟, 葛天氏之民
歟[22]?

♣ 설명

1) 不能常得
   · 부정부사 '不'이 빈도부사 '常'앞에 놓여 부분 부정을 나타낸다.

2) 無懷氏之民歟
   · 歟: 의문조사.

♣ 단어 활용

柳 : 楊柳 折柳 美柳 花柳

詳 : 詳議 詳述 詳細 昭詳

慕 : 思慕 追慕 欽慕 慕華思想

屢 : 屢次 屢回

頗 : 頗多 偏頗的

葛 : 葛藤 葛布 葛根 諸葛亮

---

17) 戚戚(척척): 근심하다.
18) 汲汲(급급): 얻으려고 안달하다.
19) 極其言(극기언): 그 말의 의미를 따져봄.
20) 若人(약인): 이 사람. 즉, 五柳先生. 儔(주): 짝, 무리.
21) 酣觴(감상): 술잔을 돌려가며 마시며 즐기다.
22) 無懷氏(무회씨), 葛天氏(갈천씨): 중국 전설상의 임금. 모두 자연스런 교화로 세상을 태평하게 다스렸다
    고 함.

李白

夫天地者萬物之逆旅[1], 光陰者百代之過客[2]. 而浮生若夢, 爲歡幾
何? 古人秉燭夜遊[3], 良有以也[4]. 況陽春召我以煙景[5], 大塊假我以文
章[6]. 會桃李之芳園, 序天倫之樂事[7], 群季俊秀[8], 皆爲惠連[9]. 吾人詠
歌, 獨慚康樂[10]. 幽賞未已, 高談轉淸[11]. 開瓊筵以坐花[12], 飛羽觴而
醉月[13]. 不有佳作, 何伸雅懷[14]. 如詩不成, 罰依金谷酒數[15].

---

1) 逆旅(역여): 나그네를 맞아들이는 곳, 여관. '逆(역)'은 맞이한다는 뜻.
2) 光陰(광음): 세월, 시간. 百代(백대): 백의 세대. 곧, 영구, 영원을 이름.
3) 秉(병): 잡다. 古詩十九首(고시십구수)에 "晝短苦夜長, 下不秉燭遊"라는 구절이 있다.
4) 良(양): 진실로, 참으로.
5) 陽春(양춘): 따뜻한 봄, '陽(양)'은 따뜻하다는 뜻. 煙景(연경): 안개가 낀 봄 경치.
6) 大塊(대괴): 큰 흙덩이. 즉 大地(대지), 혹은 造物主(조물주)를 말함.
   文章(문장): 무늬, 자연의 무늬. 章(장)은 문채, 무늬. 여기서는 봄날의 갖가지 아름다운 모습. 혹은 문장
   이라 해석하기도 함.
7) 序(서): 쓰다, 차례를 따라 진술하다; 차례, 순서, 순서에 따라 일을 하다; 舒(서) 펴다.
   天倫(천륜): 父子兄弟(부자형제)와 같이 하늘이 정해준 관계, 또 그 사이의 변하지 않는 떳떳한 도리.
   여기서는 형제를 가리킴.
8) 群季(군계): 여러 아우들.
9) 惠連(혜련): 謝惠連(사혜련). 南朝(남조) 宋(송)의 유명한 시인 謝靈運(사령운, 385-433)의 사촌동생으
   로 文名(문명)을 함께 떨쳤으나 37세에 요절하였다. 謝靈運이 좋은 詩句(시구)가 떠오르지 않았는데
   惠連을 꿈에 보고 아름다운 구절이 떠올랐다는 유명한 이야기가 있다.
10) 康樂(강락): 南朝(남조) 宋(송)의 저명한 산수시인 謝靈運(사령운)을 말함. 晉(진)의 名將(명장) 謝玄
    (사현)의 손자로 그의 작위 康樂公(강락공)을 세습하였으므로 謝康樂(사강락)이라 불렸음. 그의 시는
    후대 시풍에 많은 영향을 미쳐 중국 문학사의 한 획을 긋는다.
11) 轉(전): 더욱, 한층 더, 점점.
12) 瓊筵(경연): 옥같이 아름다운 자리.
13) 羽觴(우상): 깃털 모양의 술잔.
14) 雅懷(아회): 고상하고 품위 있는 생각.

♣ 설명

1) 而浮生若夢, 爲歡幾何
   - 而: 역접 관계를 나타내어 '그런데, 그러나'의 뜻.
   - 幾何: '얼마'를 나타내는 수량 의문사.[반문형]

2) 良有以也
   - 以: '까닭, 이유'의 뜻으로 쓰여 '所以'와 같다.

3) 況陽春召我以煙景, 大塊假我以文章
   - 況: '하물며, 더구나'의 뜻으로 점층 관계를 나타낸다.
   - 以: 수단, 방법을 나타내어 '…로써'의 뜻.

4) 獨慚康樂
   - 獨: '다만'의 뜻을 갖는 부사로 쓰여 한정형의 문장 형태를 구성한다.

5) 如詩不成
   - 如: '만약'의 뜻을 가져 가정형의 문장을 만든다.

※ 李白(이백): 701~772. 字는 太白(태백), 號는 靑蓮居士(청련거사). 唐代(당대) 시인으로 杜甫(두보)와 함께 중국 시의 양대 산맥을 이룬다. 자유분방하고 얽매임 없는 삶을 살았으며 詩仙(시선), 酒仙(주선)이라는 별칭을 얻었다.

♣ 단어 활용

倫 : 倫理 不倫 五倫 人倫 天倫 悖倫
群 : 拔群 群雄割據 群衆 群集
慚 : 慚愧 慚悔 慚慨 慚色 慚汗

---

15) 金谷酒數(금곡주수): 石崇(석숭)의 「金谷詩序(금곡시서)」(西晉때 石崇의 별장인 金谷園(금곡원)에서 잔치를 벌이며 지은 시집에 석숭이 쓴 서문)에 의하면 시를 짓지 못하면 벌주 3말을 마셨다함. 金谷(금곡)은 지금의 河南省(하남성) 洛陽縣(낙양현) 서북쪽에 있는 梓澤(재택). 계곡 안에 물이 흐르기 때문에 金谷澗(금곡간)이라고도 함.
石崇(석숭): 西晉(서진)시대 사람. 자는 季倫(계륜). 해상 무역으로 거부가 되어 王愷(왕개), 羊琇(양수) 등과 호화로움을 다투었다.

伸 : 伸長 伸縮 引伸 伸寃
依 : 依託 依據 依存 依例 依支

柳宗元

永州之野[1], 産異蛇, 黑質而白章[2]. 觸草木盡死, 以齧人[3], 無禦之者.
然得而腊之[4], 以爲餌[5], 可以已大風·攣踠·瘻癘[6], 去死肌[7], 殺三蟲[8].
其始, 太醫以王命聚之, 歲賦其二[9], 募有能捕之者, 當其租入[10], 永
之人爭奔走焉.

有蔣氏者, 專其利三歲矣[11]. 問之, 則曰, "吾祖死於是, 吾父死於是. 今
吾嗣爲之什二年[12], 幾死者數矣[13]." 言之, 貌若甚慼者[14]. 余悲之, 且
曰, "若毒之乎[15]? 余將告於涖事者[16], 更若役, 復若賦[17]. 則何如?"

---

1) 永州(영주): 唐(당)나라의 州名. 지금의 湖南省(호남성) 零陵縣(영능현).
2) 質(질): 바탕. 章(장): 무늬.
3) 齧(설): 물다.
4) 腊(석): 말려서 포로 만들다.
5) 餌(이): 먹이. 여기서는 藥(약)을 가리킴
6) 大風(대풍)·攣踠(연원)·瘻癘(루라): 大風은 문둥병, 즉 癩病(나병). 攣踠(연원)은 수족이 굽어 펴지지
   않는 병. 瘻癘는 악성종기나 목에 나는 종기 또는 惡瘡(악창).
7) 死肌(사기): 죽은 살.
8) 三蟲(삼충): 사람의 뱃속에 있다는 세 가지 벌레.
9) 歲賦其二(세부기이): 해마다 두 차례에 걸쳐 거두다.
10) 當其租入(당기조입): 그가 내야 하는 조세로 쳐 주다.
11) 專(전): 전담하다. 三歲(삼세): 三代.
12) 嗣(사): 잇다, 계승하다.
13) 幾(기): 거의.
14) 慼(척): 슬퍼하다.
15) 毒(독): 고통스러워하다, 괴로워하다.
16) 涖事者(이사자): 일을 주관하는 관리. '涖'는 '臨'의 뜻.
17) 復(복): 회복시키다.

蔣氏大慼, 汪然出涕[18], 曰, "君將哀而生之乎[19]? 則吾斯役之不幸, 未若復吾賦不幸之甚也. 嚮吾不爲斯役[20], 則久已病矣[21]. 自吾氏三世居是鄕, 積於今六十歲矣. 而鄕隣之生日蹙[22], 殫其地之出[23], 竭其廬之入, 號呼而轉徒[24], 饑渴而頓踣[25], 觸風雨, 犯寒暑[26], 呼噓毒癘[27], 往往而死者, 相藉也[28]. 曩與吾祖居者[29], 今其室, 十無一焉[30], 與吾父居者, 今其室, 十無二三焉, 與吾居十二年者, 今其室, 十無四五焉. 非死而(다른책則)徒爾, 而吾以捕蛇獨存. 悍吏之來吾鄕[31], 叫囂乎東西[32], 隳突乎南北[33]. 譁然而駭者[34], 雖鷄狗不得寧焉[35]. 吾恂恂而起[36], 視其缶[37], 而吾蛇尚存, 則弛然而臥[38]. 謹食之[39], 時而獻焉.

18) 汪然(왕연): 눈물을 많이 흘리는 모양.
19) 哀(애): 불쌍히 여기다, 딱하게 여기다.
20) 嚮(향): 이전에.
21) 病(병): 고생하다.
22) 日(일): 날로, 나날이. 蹙(축): 긴박하다, 궁핍하다.
23) 殫(탄): 다하다.
24) 號呼(호호): 울부짖다.
25) 頓踣(돈부): 넘어지다.
26) 犯(범): '만나다'의 뜻. 곧, '추위와 더위에 시달리다'.
27) 呼噓(호허): 숨을 내뱉다. 毒癘(독려): 독한 병 기운.
28) 相藉(상자): 서로 깔고 눕다, 즐비하게 깔리다.
29) 曩(낭): 이전에, 지난번.
30) 十無一焉: 열 집 중에 한 집도 없다.
31) 悍吏(한리): 포악한 관리.
32) 叫囂(규효): 큰 소리로 떠들어대다.
33) 隳突(휴돌): 마구 부딪히다.
34) 譁然(화연): 와자지껄하는 모양.
35) 寧(녕): 편안하다.
36) 恂恂(순순): 조심조심하다.
37) 缶(부): 장군[陶器], 항아리.
38) 弛然(이연): 마음을 놓는 모양.
39) 食(사): 먹이다.

退而甘食其土之有⁴⁰⁾, 以盡吾齒⁴¹⁾. 蓋一歲之犯死者二焉⁴²⁾, 其餘則
熙熙而樂⁴³⁾. 豈若吾鄉隣之旦旦有是哉⁴⁴⁾? 今雖死乎此⁴⁵⁾, 比吾鄉隣
之死, 則已後矣⁴⁶⁾, 又安敢毒耶?"

余聞而愈悲. 孔子曰⁴⁷⁾, "苛政猛於虎也." 吾嘗疑乎是, 今以蔣氏觀之,
猶信. 嗚呼, 孰知賦斂之毒⁴⁸⁾, 有甚是蛇者乎? 故爲之說⁴⁹⁾, 以俟夫觀
人風者得焉⁵⁰⁾.

♣ 설명

1) 觸草木盡死, 以齧人, 無禦之者

　　· 以: 접속사 '而'와 같이 쓰여 역접 관계를 나타낸다.

2) 若毒之乎

　　· 若: 이인칭 대명사.

　　· 之: 지시대명사. '뱀 잡는 일'을 가리킴.

　　· 乎: 의문을 나타내는 어기조사.

3) 則吾斯役之不幸, 未若復吾賦不幸之甚也

　　· 則: 여기에서는 '而'와 쓰임이 같으며 역접 관계를 나타낸다.

....

40) 其土之有: 자기 토지의 산출물.
41) 齒(치): 壽命(수명), 年數(년수).
42) 犯死者: 죽을 뻔한 경우.
43) 熙熙(희희): 和樂(화락)한 모양.
44) 旦旦有是: 매일같이 이러함이 있다. '是'는 관리들한테 시달리는 고통을 말함.
45) 此: 뱀을 가리킴.
46) 已後矣: 이미 늦다. 벌써 오래 산 셈이 된다는 뜻.
47) 孔子曰: 『禮記(예기)』 「檀弓下(단궁하)」에 나오는 말.
48) 賦斂(부렴): 조세를 부과하고 거두다.
49) 爲(위): (글을) 짓다, 쓰다.
50) 俟(사): 기다리다. 觀人風者(관인풍자): 民政(민정)을 시찰하는 정치인을 말함. 得(득): 알다.

· 未若: '不若'과 같으며 비교를 나타내어 '~만 못하다'의 뜻.

4) 則久已病矣

· 矣: '已'와 함께 쓰여 이미 일어난 일을 명백히 표시한다.

5) 叫囂乎東西, 隳突乎南北

· 乎: '於'와 같이 쓰여 '~에서'로 해석된다.[장소를 나타냄]

6) 豈若吾鄕隣之旦旦有是哉

· 豈~哉: 반문의 어기를 나타내며 '어찌~하겠는가?'의 뜻을 갖는다. '哉'가 의문
을 나타낼 때는 거의 반문인 경우가 많다.

7) 又安敢毒耶

· 安: 부사로 쓰여 '어찌'의 뜻.

· 耶: 의문조사. 여기서는 반문의 어기를 나타냄.

8) 苛政孟於虎也

· 於: ~보다.[비교를 나타냄]

※ 柳宗元(유종원): 773~819. 字는 子厚(자후). 中唐代(중당대) 시인이자 문인. 고문의
대가로서 韓愈(한유)와 병칭되었으나 문학을 道(도)를 담는 도구로만 여겼던 한유에 비
해 문학과 도를 함께 중시하는 유연한 입장을 취하고 있었다. 특히 寓言(우언) 형식을
취한 정치 풍자적인 문장과 산수유기 등이 빼어나다. 대표적 작품으로 「封建論(봉건
론)」, 「捕蛇者說(포사자설)」, 「石渠記(석거기)」 등이 있다.

♣ 단어 활용

章 : 圖章 勳章 體力章 指章 文章

觸 : 觸覺 接觸 觸媒 觸感 一觸卽發

蟲 : 食蟲 害蟲 寄生蟲 昆蟲 殺蟲劑

奔 : 自由奔放 狂奔 奔散 奔出 東奔西走

役 : 兵役 主役 役割 苦役 一人二役

柳宗元

郭橐駝, 不知始何名. 病僂¹⁾, 隆然伏行²⁾, 有類橐駝者³⁾, 故鄉人號之
曰駝. 駝聞之曰: "甚善! 名我固當⁴⁾." 因捨其名, 亦自謂橐駝云. 其鄉
曰豊樂鄉, 在長安西⁵⁾. 駝業種樹, 凡長安豪家富人爲觀遊及賣果者⁶⁾,
皆爭迎取養⁷⁾. 視駝所種樹, 或遷徙⁸⁾, 無不活, 且碩茂⁹⁾, 蚤實以蕃¹⁰⁾.
他植者雖窺伺傚慕¹¹⁾, 莫能如也.

有問之, 對曰: "橐駝非能使木壽且孳也¹²⁾, 能順木之天以致其性焉
爾¹³⁾. 凡植木之性, 其本欲舒¹⁴⁾, 其培欲平¹⁵⁾, 其土欲故¹⁶⁾, 其築欲密¹⁷⁾.

---

1) 病僂(병루): 구루병을 앓다.
2) 隆然(융연): 불룩 올라온 모양. 여기서는 등이 굽어 불룩한 모양을 형용. 伏行(복행): 머리를 낮추고 다니다.
3) 橐駝(탁타): 낙타.
4) 名(명): 동사로 쓰여 '이름 부르다'의 뜻. 固(고): 본래, 진실로.
5) 長安(장안): 唐代(당대)의 도읍. 지금의 陝西省(섬서성) 長安縣(장안현).
6) 豪家富人(호가부인): 권세 있는 집안과 돈 많은 사람. 觀遊(관유): 觀賞(관상)하고 유람함.
7) 爭迎取養: 다투어 맞아들여 그를 받들다.
8) 遷徙(천사): 옮겨 심는 것을 뜻함.
9) 碩茂(석무): 크고 무성하다.
10) 蚤實以蕃: 열매가 일찍 맺고 수확량도 많다. '蚤(조)'는 '무(조)'와 같다.
11) 窺伺(규사): 몰래 보고 살피다, 엿보다. 傚慕(효모): 배워 본받음. 橐駝(곽타)가 나무 심는 방법을 몰래 훔쳐보는 것을 말함.
12) 壽(수): 오래 살다. 孳(자): 불어나다, 번성하다. '滋(자)'와 같다.
13) 天, 性: 둘 다 天性(천성)을 가리킴.
14) 其本欲舒: 그 뿌리는 펴지고자 한다.
15) 培(배): 培土(배토). 초목의 뿌리를 덮는 흙.
16) 故(고): 옛, 원래.

旣然已, 勿動勿慮, 去不復顧. 其蒔也若子[18], 其置也若棄[19], 則其天者全, 而其性得矣. 故吾不害其長而已, 非有能碩而茂之也. 不抑耗其實而已[20], 非有能蚤而蕃之也. 他植者則不然: 根拳而土易[21]. 其培之也, 若不過焉, 則不及焉. 苟有能反是者, 則又愛之太殷[22], 憂之太勤, 旦視而暮撫, 已去而復顧; 甚者爪其膚以驗其生枯[23], 搖其本以觀其疏密, 而木之性日以離矣. 雖曰愛之, 其實害之. 雖曰憂之, 其實讎之[24], 故不我若也. 吾又何能爲哉?"

　問者曰: "以子之道, 移之官理[25], 可乎?" 駝曰: "我知種樹而已, 官理, 非吾業也. 然吾居鄉, 見長人者[26], 好煩其令[27], 若甚憐焉, 而卒以禍. 旦暮, 吏來而呼曰: '官命促爾耕[28], 勗爾植[29], 督爾穫[30]. 蚤繰而緒[31], 蚤織而縷[32], 字而幼孩[33], 遂而雞豚[34]!' 鳴鼓而聚之, 擊木而召之[35]. 吾

17) 築(축): 땅을 단단하게 다지는 흙.
18) 蒔(시): 모종을 내다, 심다.
19) 置(치): 방치하다.
20) 抑耗(억모): 억제하고 줄이다.
21) 拳(권): 구부리다. 주먹 쥔 것처럼 구부러지고 뭉치는 것을 뜻함. 易(역): 바꾸다.
22) 太殷: 지나치게 周到(주도)하다.
23) 爪(조): 동사로 쓰여 '손톱으로 긁거나 할퀴다'의 뜻. 膚(부): 나무껍질을 가리킴.
24) 讎(수): 원수로 삼다, 원수로 여기다.
25) 官理(관리): 관리가 백성을 다스리는 것을 뜻함.
26) 長人者: 우두머리된 사람, 즉 官吏(관리).
27) 好(호): 좋아하다. 煩其令: 명령을 번거롭게 내리는 것을 뜻함.
28) 爾(이): 너, 당신. 이인칭대명사.
29) 勗(욱): 격려하다.
30) 督(독): 살피다, 단속하다.
31) 繰(조): 고치를 꺼내 실을 푸는 것. 緒(서): 실마리.
32) 縷(루): 명주실, 삼, 털실 등.
33) 字(자): 젖먹이다, 사랑하다. 여기서는 기르다.
34) 遂(수): 자라다, 생장하다. 여기서는 먹여 키우다.

小人輟飧饔以勞吏者[36], 且不得暇[37], 又何以蕃吾生而安吾性邪[38]? 故病且怠[39]. 若是則與吾業者, 其亦有類乎?" 問者嘻曰[40]: "不亦善夫! 吾問養樹, 得養人術." 傳其事以爲官戒也.

♣ 설명

1) 橐駝非能使木壽且孳也, 能順木之天以致其性焉爾

   · 使: 사역형 문장을 구성한다.

   · 且: 형용사나 동사를 연결하는 접속사로 쓰여 연합구조를 이룬다.

   · 焉爾: '~할 뿐이다'의 뜻을 갖는 어기조사로서 한정의 어기를 나타낸다.

2) 勿動勿慮

   · 동사 앞에 놓여 금지를 나타낸다.

3) 若不過焉, 則不及焉 / 苟有能反是者, 則又愛之太殷

   · 若, 苟: 모두 어떤 조건을 가정하는 접속사로 쓰여 가정형 문장을 이끌어낸다.

4) 故不我若也

   · 故不若我也와 같다. 곧, 비교형을 나타내는 '不若'이 쓰여 '나만 못하다'의 뜻.

5) 若甚憐焉, 而卒以禍

   · 憐과 禍 뒤에 목적어 '民'이 생략되어 있다.

   · 而: 역접 관계를 나타낸다.

6) 蚤繰而緒, 蚤織而縷

   · 而: 爾와 같다.[이인칭 대명사]

....

35) 擊木(격목): 나무拍子木를 치면서. 召(소): 부르다. 윗사람이 말이나 글로 남을 오라고 함.
36) 輟(철): 그치다, 중지하다. 飧(손): 저녁밥. 饔(옹): 아침밥. 勞(노): 위로하다, 대접하다.
37) 暇(가): 겨를, 틈.
38) 蕃(번): 늘다, 번성하게 하다.
39) 病且怠: 병들고 피폐해지다.
40) 嘻(희): 웃는 모양, 탄식하는 소리.

7) 又何以蕃吾生而安吾性邪

　　· 何以: '무엇으로써, 어떻게'의 뜻으로 방법을 묻는 의문사로 쓰였다.

　　· 邪: 의문을 나타내는 어기조사로 '耶'와 같다.

8) 不亦善夫

　　· 夫: '乎'와 같은 기능을 하여 의문의 어기를 나타낸다.

♣ 단어 활용

植 : 植物 移植 植民地 植木日

碩 : 碩學 碩士 碩德

順 : 順應 順從 耳順 順序

培 : 培養 栽培 培植

抑 : 抑揚 抑制 抑鬱 抑壓

驗 : 經驗 先驗 效驗 試驗

勤 : 勤勉 皆勤 勤儉 勤務 出退勤

煩 : 煩惱 煩悶 煩雜

陋室銘누실명

劉禹錫

山不在高⁴¹⁾, 有僊則名. 水不在深, 有龍則靈. 斯是陋室, 惟吾德馨. 苔痕上階(다른책堦)綠⁴²⁾, 草色入簾靑⁴³⁾. 談笑有鴻儒⁴⁴⁾, 往來無白丁⁴⁵⁾. 可以調素琴⁴⁶⁾, 閱金經⁴⁷⁾. 無絲竹之亂耳⁴⁸⁾, 無案牘之勞形⁴⁹⁾. 南陽諸葛廬⁵⁰⁾, 西蜀子雲亭⁵¹⁾. 孔子云, "何陋之有⁵²⁾."

♣ 설명

1) 無絲竹之亂耳, 無案牘之勞形

· 之: 주어와 술어 사이에 놓여 주술구조가 문장의 한 성분이 되게 하는 역할을 한다. 즉, '絲竹之亂耳'와 '案牘之勞形'이 '無'의 빈어가 된다.

2) 何陋之有

41) 山在不高: 산의 가치는 높은데 있지 않다는 뜻.
42) 苔痕(태흔): 이끼의 자국.
43) 簾(렴): 발. '풀빛이 발안으로 비쳐 들어와 푸르다'
44) 鴻儒(홍유): 대학자, 훌륭한 선비.
45) 白丁(백정): 官爵(관작)이 없는 사람, 평민.
46) 素琴(소금): 장식을 하지 않은 소박한 거문고.
47) 金經(금경): 泥金[금박 가루를 아교에 갠 것]으로 쓴 佛經(불경). 귀중한 경전을 널리 칭하는 말.
48) 絲竹(사죽): '絲(사)'는 현악기, '竹(죽)'은 관악기를 칭하여, 널리 '음악'을 가리키는 말.
49) 案牘(안독): '案(안)'은 관공서의 문서, '牘(독)'은 문서나 서찰을 말함. 形(형): 몸.
50) 南陽諸葛廬: 南陽(남양)에 있는 諸葛亮(제갈량)이 살던 초막.
51) 西蜀子雲亭: 子雲(자운)은 西漢(서한)의 유명한 학자 揚雄(양웅)의 字. 西蜀(서촉) 지역에 속하는 成都(성도)에 그의 집이 있었다.
52) 『論語(논어)』「子罕(자한)」: 子欲居九夷. 或曰, "陋如之何" 子曰, "君子居之, 何陋之有"

· 의문사가 빈어로 쓰일 때는 동사 앞으로 도치되며 빈어와 동사 사이에 之가 들어가기도 한다.

※ 劉禹錫(유우석): 772~842. 字는 夢得(몽득), 唐代(당대)의 시인. 민간가요의 영향을 많이 받아 통속적이면서도 맑은 풍격을 지닌 시를 많이 창작하였으며, 詠史絶句(영사 절구)에도 뛰어났다. 『劉夢得文集(유몽득문집)』이 전한다.

♣ 단어 활용
陋 : 陋醜 陋巷 固陋 鄙陋 陋習
靈 : 靈驗 魂靈 靈感 靈肉 靈前
痕 : 痕迹 傷痕 殘痕 淚痕 血痕
簾 : 珠簾 竹簾 撤簾 垂簾聽政
案 : 案件 案內 答案 草案 提案

韓愈

古之學者必有師. 師者, 所以傳道授(다른책受)業解惑也. 人非生而知之者[1], 孰能無惑? 惑而不從師, 其為惑也, 終不解矣. 生乎吾前, 其聞道也, 固先乎吾[2], 吾從而師之. 生乎吾後, 其聞道也, 亦先乎吾, 吾從而師之. 吾師道也, 夫庸知其年之先後生於吾乎? 是故無貴無賤無長無少, 道之所存, 師之所存也.

嗟乎! 師道之不傳也久矣. 欲人之無惑也難矣[3]! 古之聖人, 其出人也遠矣, 猶且從師而問焉[4]. 今之衆人, 其下聖人也亦遠矣, 而恥學於師[5]. 是故聖益聖, 愚益愚[6]. 聖人之所以為聖, 愚人之所以為愚, 其皆出於此乎!

愛其子, 擇師而教之, 於其身也, 則恥師焉[7], 惑矣! 彼童子之師, 授之書而習其句讀者[8], 非吾所謂傳其道解其惑者也. 句讀之不知, 惑之不解, 或師焉, 或不焉[9], 小學而大遺[10], 吾未見其明也. 巫·醫·樂師·百

1) 生而知之(생이지지): 날 때부터 저절로 알다. 여기서 之는 道 또는 일체의 이치를 뜻함.
2) 固(고): 진실로.
3) 出人(출인): 보통사람보다 뛰어나다.
4) 猶(유): 오히려.
5) 恥(치): 부끄럽게 여기다.
6) 앞의 聖과 愚는 명사, 뒤의 聖과 愚는 형용사로 쓰임. 益(익): 더욱.
7) 恥師(치사): 스승을 찾아 배우기를 부끄러워하다.
8) 書(서): 동사로 쓰여 '책을 읽다'의 뜻. 句讀(구두): 글 구절을 떼는 정도로 익히는 것.
9) 不: 否와 같다.

工之人, 不恥相師, 士大夫之族, 曰師, 曰弟子云者, 則羣聚而笑之[11]. 問之, 則曰, "彼與彼年相若也[12], 道相似也."(따옴표 여기까지 맞는지.) 位卑則足羞[13], 官盛則近諛[14]. 嗚呼! 師道之不復[15], 可知矣! 巫·醫·樂師·百工之人, 君子不齒[16], 今其智乃反不能及[17], 其可怪也歟! 聖人無常師[18], 孔子師郯子·萇弘·師襄·老聃[19]. 郯子之徒, 其賢不及孔子. 孔子曰: "三人行, 則必有我師." 是故弟子不必不如師, 師不必賢於弟子. 聞道有先後, 術業有專攻[20], 如是而已.

♣ 설명

1) 師者, 所以傳道授業解惑也

· ~者~也: '~라는 것은 ~이다'

2) 孰能無惑

....

10) 小學而大遺: 작은 것은 배우고 큰 것은 버린다. 小는 句讀(구두)를 가리키고 大는 의혹 등을 가리킴.
11) 笑(소): 비웃다.
12) 年(년): 나이. 若(약): 같다, 비슷하다.
13) 位卑則足羞: 스승의 지위가 낮으면 수치스럽게 생각한다는 뜻.
14) 官盛則近諛: 스승의 지위가 높으면 그에게 배우는 것을 아첨에 가까운 것으로 생각한다는 뜻. 諛(유): 아첨하다.
15) 復(복): 회복하다.
16) 不齒(불치): 동등하게 대하지 않다. 얕보다.
17) 乃(내): 도리어. 反(반): 오히려.
18) 常師(상사): 일정한 스승.
19) 郯子(담자): 춘추시대 郯國의 군주. 魯昭公에게 少昊氏가 鳥名으로써 관직명을 삼은 이유를 설명하였다고 한다.
　　萇弘(장홍): 周敬王 때의 대부. 공자가 그에게서 음악의 도리를 물었다고 한다.
　　師襄(사양): 魯의 樂官. 공자가 그에게서 瑟을 배웠다.
　　老聃(노담): 老子. 姓은 李, 이름은 耳. 공자가 그에게서 禮를 배웠다.
20) 術業(술업): 道術과 學業.

· 반문형으로 '누구에게나 의혹이 있다'는 뜻. '孰'은 '누구'를 뜻하는 의문사.

3) 其爲惑也, 終不解矣

· 也: 문장 중간에 쓰여 흐름을 잠시 늦추는 역할을 한다.

4) 生乎吾前

· 乎: '於'와 같은 기능으로 쓰여 '~보다'의 뜻으로 비교를 나타낸다.

5) 吾從而師之

· 之: 동사 '從'과 '師'에 모두 걸리는 빈어이다.

6) 夫庸知其年之先後生於吾乎

· 夫: '대저'. 발어사로서 특별히 해석하지 않아도 된다.

· 庸~乎: 반문의 어기를 나타내며 '어찌 ~하겠는가'의 뜻이다. '庸'은 '豈'와 같다.

· 於: ~보다[비교를 나타냄]

7) 猶且從師而問焉

· 焉: '於之'와 같아서 대명사의 뜻을 갖는다. '그에게'

8) 句讀之不知, 惑之不解

· 之: 빈어가 동사 앞으로 도치되면서 빈어와 동사 사이에 쓰여 도치된 빈어를 강조하는 기능을 한다.

9) 其可怪也歟

· 可: '참으로'의 뜻으로 강조를 나타낸다.

· 歟: 여기에서는 감탄의 어기를 나타낸다.

10) 是故弟子不必不如師

· 不如: ~만 못하다[비교를 나타냄]. '不必'과 같이 쓰여 '반드시 ~만 못하지는 않다'의 뜻.

11) 如是而已

· 而已: '~일 뿐이다'의 뜻으로 한정형을 나타내는 어기조사.

※ 韓愈(한유): 768~824. 字는 退之(퇴지), 시호는 文(문). 唐(당)의 문장가이자 시인으로 唐宋八大家(당송팔대가)의 한 사람이다. 古文運動(고문운동)을 제창하고 儒家(유가)의 道統(도통)을 이을 것을 주장하였다.

♣ 단어 활용

解 : 解決 解散 解明 解渴 解雇 諒解

恥 : 恥辱 羞恥 國恥 破廉恥

益 : 利益 權益 弘益人間

擇 : 擇日 選擇 揀擇 採擇

專 : 專攻 專力 專用 專任

雜說 잡설

韓愈

世有伯樂[1], 然後有千里馬. 千里馬常有, 而伯樂不常有. 故雖有名馬, 祇辱於奴隸人之手[2], 騈死於槽櫪之間[3], 不以千里稱也. 馬之千里者, 一食或盡粟一石[4]. 食馬者[5], 不知其能千里而食也. 是馬也, 雖有千里之能, 食不飽, 力不足, 才美不外見[6]. 且欲與常馬等不可得, 安求其能千里也. 策之不以其道[7], 食之不能盡其材, 鳴之而不能通其意, 執策而臨之曰, "天下無馬." 嗚呼! 其眞無馬邪? 其眞不知馬也?

♣ 설명

1) 千里馬常有, 而伯樂不常有

· 而: 역접 관계를 나타냄.

· 不常: '항상 ~한 것은 아니다'의 뜻으로 부분 부정을 나타낸다.

2) 祇辱於奴隸人之手, 騈死於槽櫪之間

· 於: 앞의 것은 피동을 나타내고, 뒤의 것은 장소를 나타낸다.

....

1) 伯樂(백락): 孫陽(손양)의 字. 秦(진)나라 穆公(목공) 때 사람으로 말을 잘 감정하였다. 널리 말에 관한 일에 밝은 사람이라는 뜻으로 쓰임.
2) 祇(지): 다만. 辱(욕): 욕을 받다, 굴욕을 당하다.
3) 騈(변): 나란히 하다, 말 두 필을 나란히 하여 수레에 메우다.
   槽櫪(조력): 마구간. '槽(조)'는 구유, '櫪(력)'은 마구간에 까는 널빤지, 馬板(마판).
4) 一石(일석): 한 섬. 10斗(두).
5) 食(사): 먹여 키우다. '飼(사)'의 뜻.
6) 才美(재미): 재능.
7) 策(책): 채찍질하다.

♣ 단어 활용

辱 : 侮辱 困辱 屈辱 凌辱 忍辱

粟 : 粟米 穀粟 寒粟 滄海一粟

策 : 對策 失策 策略 策士 秘策

鳴 : 共鳴 耳鳴 自鳴鐘 孤掌難鳴

范仲淹

慶歷四年春[1], 滕子京謫守巴陵郡[2]. 越明年, 政通人和, 百廢俱興, 乃重修岳陽樓[3], 增其舊制, 刻唐賢今人詩賦於其上, 屬予作文以記之[4].

予觀夫巴陵勝狀[5], 在洞庭一湖[6], 銜遠山[7], 呑長江[8], 浩浩蕩蕩[9], 橫無際涯[10]. 朝暉夕陰, 氣象萬千, 此則岳陽樓之大觀也, 前人之述備矣. 然則北通巫峽[11], 南極瀟湘[12]. 遷客騷人[13], 多會於此, 覽物之情, 得無異

---

1) 慶歷(경력): 宋(송) 仁宗(인종)의 연호. 慶歷(경력) 4년은 1044년.
2) 滕子京(등자경): 이름은 宗諒(종량). 河南(하남) 출신. 범중엄과는 같은 해에 진사에 합격하였다.
   巴陵郡(파릉군): 岳州(악주)의 옛 이름.
   謫守(적수): 좌천되어 태수가 되다.
3) 岳陽樓(악양루): 唐(당) 開元(개원) 4년(716)에 中書令(중서령)으로 있던 張說(장설)이 岳州刺史(악주자사)로 부임하고 창건했다는 호남성 岳陽縣(악양현) 府省(부성) 서문의 樓(루). 중국 최대의 호수인 동정호를 마주하여 그 경관의 아름다움이 중국에서 손꼽힌다.
4) 屬(촉): 부탁하다, 맡기다.
5) 勝狀(승상): 뛰어난 경치.
6) 洞庭一湖(동정일호): 湖南省(호남성) 북쪽 省界(성계)에 있는 호수로, 여름에 물이 찰 때는 주위가 팔백여 리가 되며 악양루에서 호수까지 10리 가량 된다고 한다.
7) 銜遠山(함원산): 동정호 안에 君山(군산)이라는 산이 있는데 마치 동정호가 그것을 머금은 듯함. '銜(함)'은 머금다.
8) 呑長江(탄장강): 동정호 북쪽은 호북성의 성계로 장강에 이어지는데 마치 동정호가 장강의 물줄기를 삼키는 듯하다는 뜻.
9) 浩浩(호호): 물이 매우 넓은 모양. 蕩蕩(탕탕): 물이 세차게 흐르는 모양.
10) 際涯(제애): 가, 끝.
11) 巫峽(무협): 장강 상류에 있는 三峽(삼협)의 하나.
12) 瀟湘(소상): 瀟水(소수)와 湘江(상강).
13) 遷客(천객): 좌천된 사람. 騷人(소인): 근심을 품은 사람. 굴원이 자신의 억울한 심정을 담아 「離騷(이

乎?

若夫霪雨霏霏[14], 連月不開[15], 陰風怒號, 濁浪排空[16], 日星隱曜, 山岳潛形, 商旅不行, 檣傾楫摧[17], 薄暮冥冥[18], 虎嘯猿啼[19]. 登斯樓也, 則有去國懷鄉, 憂讒畏譏[20], 滿目蕭然, 感極悲者矣.

　至若春和景明, 波瀾不驚, 上下天光[21], 一碧萬頃[22], 沙鷗翔集[23], 錦鱗遊泳[24], 岸芷汀蘭[25], 郁郁青青[26], 而或長煙一空, 皓月千里, 浮光躍(耀있음)金, 靜影沈璧[27], 漁歌互答, 此樂何極? 登斯樓也, 則有心曠神怡, 寵辱俱忘, 把酒臨風, 其喜洋洋者矣[28].

　嗟夫[29]! 予嘗求古仁人之心, 或異二者之爲[30], 何哉? 不以物喜[31], 不以己悲. 居廟堂之高[32], 則憂其民, 處江湖之遠, 則憂其君. 是進亦憂,

---

소」를 지은 이후 시인이나 풍류객을 가리키는 말로 쓰임.

14) 霪雨霏霏(음우비비): 장맛비가 주룩 내리다. '霪雨(음우)'는 장맛비, '霏霏(비비)'는 비나 눈이 부슬부슬 내리는 모양.
15) 連月不開: 몇 달동안 날이 개이지 않다.
16) 濁浪排空: 혼탁한 파도가 하늘로 치솟다.
17) 檣傾楫摧(장경즙최): 돛은 기울고 노는 부러지다.
18) 薄暮(박모): 해 질 무렵. 冥冥(명명): 어두운 모습을 형용.
19) 虎嘯猿啼(호소원제): 호랑이와 원숭이가 울어대다.
20) 憂讒畏譏(우참외기): 참언을 걱정하고 비방을 두려워하다.
21) 上下天光: 위에 있는 하늘의 빛과 물에 비친 하늘의 빛을 말함.
22) 一碧萬頃: 하나의 碧色(벽색)으로 萬頃(만경)에 이어 있다. '萬頃(만경)'은 넓디넓음을 뜻함.
23) 沙鷗翔集(사구상집): 모래 위 갈매기는 날개를 치며 모여 들다.
24) 錦鱗(금린): 비단같이 고운 비늘을 가진 물고기 이름.
25) 岸芷汀蘭(안지정란): 물가에 난 구릿대나 난초와 같은 향초.
26) 郁郁青青(욱욱청청): 향기가 대단히 나며 무성한 모양.
27) 沈璧(침벽): 몰속에 잠긴 옥. 물에 비친 달의 아름다움을 형용하는 말.
28) 洋洋(양양): 득의한 모양.
29) 嗟夫(차부): 감탄하여 내는 소리.
30) 異(이): 동사로서 '구별하다, 다르게 하다'의 뜻.
31) 不以物喜: 환경 때문에 기뻐하지 않다.

退亦憂, 然則何時而樂耶? 其必曰: "先天下之憂而憂, 後天下之樂而樂乎(다른책歟)? 噫! 微斯人, 吾誰與歸?

♣ 설명

1) 予觀夫巴陵勝狀

· 夫: 지시대명사로 쓰여 '그, 저'의 뜻.

2) 得無異乎

· 得: 能과 같다. 無와 함께 쓰여 반문형의 문장을 구성한다.

3) 若夫霪雨霏霏

· 若: 만약(가정을 나타냄).

4) 或異二者之爲, 何哉

· 何哉: '무엇인가, 어째서인가'. 어기조사 '哉'가 의문사 '何'와 함께 쓰여 의문을 나타낸다.

5) 先天下之憂而憂, 後天下之樂而樂乎

· 憂와 樂은 각각 앞의 것은 명사, 뒤의 것은 동사로 쓰였다.

6) 噫! 微斯人, 吾誰與歸

· 噫: 감탄을 나타낸다.

· 微: '만약 ~이 없다면, 만약~이 아니면'의 뜻으로 가정형의 문장을 형성한다.

· 誰與: '與誰'가 도치됨.

※ 范仲淹(범중엄): 989~1052. 北宋(북송) 때의 정치가이면서 문학가로 字는 希文(희문)이고 蘇州(소주) 吳縣(오현) 사람이다. 벼슬은 參知政事(참지정사)로 재상에까지 이르렀으며, 문집으로는 『范文正公集(범문정공집)』 29권이 있다.

---

32) 居廟堂: 조정에서 벼슬하다.

♣ 단어 활용

越 : 超越 越等 越權 卓越
屬 : 屬國 隸屬 尊屬 所屬 屬託(囑託)
狀 : 賞狀 狀態 狀況 請牒狀
制 : 制度 制止 制限 制御 學制
遷 : 左遷 遷都 變遷 孟母三遷
傾 : 傾度 傾斜 傾向 傾國之色
暮 : 歲暮 朝三暮四
忘 : 忘却 勿忘草 健忘症 忘年會

歐陽修

歐陽子方夜讀書¹⁾, 聞有聲自西南來者, 悚然而聽之²⁾, 曰 : "異哉!"
初淅瀝以蕭颯³⁾, 忽奔騰而砰湃⁴⁾; 如波濤夜驚, 風雨驟至⁵⁾, 其觸於
物也, 縱縱錚錚⁶⁾, 金鐵皆鳴; 又如赴敵之兵, 銜枚疾走⁷⁾, 不聞號令,
但聞人馬之行聲⁸⁾. 予謂童子: "此何聲也? 汝出視之!" 童子曰: "星月
皎潔⁹⁾, 明河在天¹⁰⁾, 四無人聲, 聲在樹間." 予曰: "噫嘻¹¹⁾! 悲哉! 此
秋聲也. 胡爲而來哉? 蓋夫秋之爲狀也; 其色慘淡¹²⁾, 煙霏雲斂¹³⁾. 其
容清明, 天高日晶¹⁴⁾. 其氣慄冽¹⁵⁾, 砭人肌骨¹⁶⁾. 其意蕭條¹⁷⁾, 山川寂

---

1) 歐陽子: 작가 자신歐陽修를 지칭한다. 方(방): 바야흐로, 이제 한창.
2) 悚然(송연): 놀라고 두려워하는 모양.
3) 淅瀝(석력): 비나 낙엽이 떨어지는 소리. 蕭颯(소삽): 바람 부는 소리.
4) 奔騰(분등): 뛰어오름. 砰湃(팽배): 물이 콸콸 소리를 내며 돌에 부딪치며 흘러내리는 소리.
5) 驟(취): 별안간, 돌연.
6) 縱縱錚錚(총총쟁쟁): 금붙이가 서로 부딪치는 소리. 가을은 五行(오행) 중 金(금)에 해당하여 秋風(추풍)
   을 金風(금풍)이라고도 한다.
7) 銜枚(함매): 입에 재갈을 물다. 枚(매)는 젓가락같이 생긴 나무로 입에 물리고 양쪽 끝에 끈을 달아 목
   뒤로 매게 되어 있다. 원래는 고대 대제사 때 말하거나 떠들지 않도록 하기 위해 입에 물었다. 秦(진)
   이후 전쟁 시 야간에 적을 치러갈 때 군졸이나 말이 소리를 내지 못하게 하기 위하여 입에 물었다.
8) 但(단): 다만, 단지.
9) 皎潔(교결): 달빛이 밝고 맑다.
10) 明河: 銀河(은하)를 가리킴.
11) 噫嘻(희희): 아아! 모두 감탄사.
12) 慘淡(참담): 암담하고 슬프다.
13) 煙霏雲斂: =煙飛雲收. 가을 공기는 건조하여 연기는 바람 따라 날리기 쉽고 구름도 걷힌 것 같다.
14) 晶(정): 환하다, 밝게 빛나다.
15) 慄冽(율렬): 매섭고 차다.

寥[18]. 故其爲聲也, 凄凄切切[19], 呼號奮發[20]. 豊草綠縟而爭茂[21], 佳木葱蘢而可悅[22]; 草拂之而色變[23], 木遭之而葉脫[24]; 其所以摧敗零落者[25], 乃其一氣之餘烈[26].

夫秋, 刑官也[27], 於時爲陰[28]; 又兵象也[29], 於行爲金[30], 是謂天地之義氣, 常以肅殺而爲心[31]. 天之於物, 春生秋實. 故其在樂也[32], 商聲主西方之音[33], 夷則爲七月之律[34]. 商, 傷也; 物旣老而悲傷. 夷, 戮也;

---

16) 砭人肌骨(폄인기골): 사람의 피부와 뼈를 아프게 찌르다. '砭(폄)'은 본래 '돌침을 놓다'의 뜻.

17) 蕭條(소조): 쓸쓸한 모양.

18) 寂廖(적료): 고요하고 쓸쓸함.

19) 凄凄切切(처처절절): 처량하고 슬프다.

20) 呼號(호호): 부르짖다, 외치다. 奮發(분발): 마음과 힘을 돋우어 일으킴.

21) 綠縟(녹욕): 푸른 요. 무성한 풀이 땅에 빈틈없이 깔려 있는 것을 형용.

22) 葱蘢(총롱): 푸르고 무성하다.

23) 拂(불): 털다, 닦다.

24) 遭(조): 만나다, 당하다.

25) 所以(소이): 이유, 까닭. 摧(최): 꺾다, 부러뜨리다. 敗(패): 부서지다. 零落(영락): 초목의 잎이 말라서 떨어짐.

26) 烈(렬): 세차다, 매섭다.

27) 刑官(형관): 周禮六官(주례육관)에서 秋官(추관)은 형벌을 맡아 보았다.[六官은 天, 地, 春, 夏, 秋, 冬]

28) 고대에는 陰陽(음양) 두 기운을 四時(사시)와 배합하여 봄, 여름이 陽(양)에 해당하고 가을과 겨울이 陰(음)에 해당한다고 보았다.

29) 兵象(병상): 무력, 군사, 전쟁의 상징.

30) 行: 五行[木火土金水]을 가리킴. 고대에는 四季(사계)의 변화가 오행이 相生(상생)한 결과라고 여겨 四季를 각각 春-木, 夏-火, 秋-金, 冬-水에 속한다고 보았다.

31) 肅殺(숙살): 엄하게 殺(살)하다. 즉 천지의 義氣(의기)가 만물을 衰殺(쇠살)한다는 뜻. 일반적으로 가을 기운이 초목을 말라 죽게 하는 쌀쌀한 기운을 '肅殺之氣(숙살지기)'라고 한다. 爲(위): 삼다, 간주하다.

32) 樂(악): 음악.

33) 商聲(상성): 五聲[宮商角徵羽]의 하나. 음양학자들은 五聲(오성)의 시작과 끝이 四時(사시)의 순환과 같다고 여겨 五行(오행)과 관련이 있다고 보았다. 五行과 方位, 五音을 배치하면 木-東-角, 火-南-徵, 土-中央-宮, 金-西-商, 水-北-羽가 된다. 즉 가을은 서쪽에 위치하므로 商聲(상성)은 서방의 음을 주관한다고 한 것이다.

34) 夷則(이칙): 음악에서 十二律(십이율)의 하나로 음력 7월에 해당한다. 고대의 音(음)을 고르는 기구를 律(율)이라고 한다. 古音(고음)을 十二律로 나누고 이것을 또 十二月과 배합하였는데 7월이 곧 夷則(이칙)에 해당한다.

物過盛而當殺³⁵⁾.

嗟乎! 草木無情, 有時飄零³⁶⁾. 人爲動物, 惟物之靈. 百憂感其心, 萬事勞其形³⁷⁾. 有動於中³⁸⁾, 必搖其精³⁹⁾. 而況思其力之所不及, 憂其智之所不能! 宜其渥然丹者爲槁木⁴⁰⁾, 黟然黑者爲星星⁴¹⁾. 奈何以非金石之質⁴²⁾, 欲與草木而爭榮? 念誰爲之戕賊⁴³⁾? 亦何恨乎秋聲?

童子莫對, 垂頭而睡. 但聞四壁, 蟲聲喞喞⁴⁴⁾, 如助予之歎息.

♣ 설명

1) 異哉! 悲哉!
   · 哉: 모두 문말 어기조사로 감탄을 나타낸다.

2) 初淅瀝以蕭颯
   · 以: 연결사로 쓰여 '而'와 같은 역할을 한다.

3) 胡爲而來哉
   · 胡爲: '왜, 어찌하여'의 뜻을 나타내는 의문사. '何爲'와 같다.
   · 哉: 의문 어기조사로 쓰였다.

....

35) 過(과): 지나치게, 넘치다. 當(당): 마땅히, 응당.
36) 飄零(표령): 나뭇잎 같은 것이 바람에 나부끼어 떨어짐.
37) 形(형): 몸을 가리킴.
38) 中: 心中(심중).
39) 搖其精: 그 精氣(정기), 精神(정신)을 흔들다. 마음속에 근심과 고뇌가 있어 정신이 안정되지 않음을 뜻함.
40) 渥然(악연): 젊고 윤택이 나다.
41) 黟然(이연): 검다, 우중충하다. 星星(성성): 머리가 희끗희끗한 모양.
42) 非金石之質: 금석같이 견고하여 불변하는 물질이 아닌 인간으로서.
43) 戕賊(장적): 죽이다, 상하게 하다.
44) 喞喞(즉즉): 벌레 소리.

4) 蓋夫秋之爲狀也

　　· 蓋: '대개, 아마'의 뜻으로 말하는 내용을 확신할 수 없을 때 사용한다.

　　· 夫: 지시형용사로 쓰여 '이, 저'의 뜻.

　　· 爲: 조사로 별 의미 없이 쓰였다.

5) 草拂之而色變, 木遭之而葉脫

　　· 之: 대명사로서 여기에서는 '秋氣'를 가리킨다.

6) 是謂天地之義氣

　　· 謂: '爲'와 같은 뜻으로 쓰여 '∼이다'의 뜻을 나타낸다.

7) 人爲動物, 惟物之靈

　　· 爲: '∼이다'의 뜻으로 쓰였다.

　　· 惟: '爲'와 같은 뜻('∼이다')으로 쓰임.

8) 百憂感其心, 萬事勞其形

　　· 其: 지시대명사로 여기에서는 '인간'을 가리킨다.

9) 而況思其力之所不及, 憂其智之所不能!

　　· 而況: '하물며 ∼에 있어서랴!'의 뜻을 갖는 접속사로 억양형의 문장을 구성한다.

　　· 之: 주술관계 사이에 놓여 주술관계 전체가 새로운 문장성분이 되도록 하는 기능을 한다.

　　· 思와 憂는 동사로 쓰여 각각 이하 전체를 빈어로 취하였다.

10) 念誰爲之戕賊? 亦何恨乎秋聲?

　　· 爲之:

　　· 何: 의문사로 '어찌'의 뜻이다.

　　· 恨: 동사로 쓰여 '원망하다'의 뜻을 갖는다.

　　· 乎: '於'와 유사한 기능을 하는 개사로 쓰였다.

※ 歐陽修(구양수): 1007~072. 字는 永叔(영숙), 號는 醉翁(취옹), 六一居士(육일거사)이며 시호는 文忠(문충)이다. 吉州廬陵[지금의 江西省(강서성) 吉安市(길안시)]사람이며 당송팔대가 중 하나이다. 參知政事(참지정사), 太子少師(태자소사) 등을 역임하였

다. 唐代(당대) 韓愈(한유)를 이어 宋代(송대)의 고문을 부흥시켰다. 대표작으로 「五代史記(오대사기)」, 문집 『歐陽文忠公集(구양문충공집)』 130권 등이 있다.

♣ 단어 활용

潔 : 潔白　純潔　潔癖症　清潔

悲 : 悲哀　悲痛　悲戀　喜悲

斂 : 收斂　後斂　賦斂

寂 : 寂寞　寂寂　閑寂　靜寂

奮 : 奮鬪　奮發　興奮　奮然

餘 : 餘裕　餘暇　餘念　餘談　餘白　剩餘

殺 : 自殺　殺到　殺菌　殺伐

傷 : 傷處　傷害　傷心　負傷　損傷

周敦頤

水陸草木之花, 可愛者甚蕃¹⁾. 晉陶淵明, 獨愛菊, 自李唐來²⁾, 世人甚
愛牡丹. 予獨愛蓮之出於淤泥而不染³⁾, 濯清漣而不夭⁴⁾, 中通外直⁵⁾,
不蔓不枝⁶⁾, 香遠益清, 亭亭淨植⁷⁾, 可遠觀而不可褻翫焉⁸⁾. 予謂菊,
花之隱逸者也, 牡丹, 花之富貴者也, 蓮, 花之君子者也. 噫⁹⁾, 菊之
愛, 陶後鮮有聞¹⁰⁾, 蓮之愛, 同予者何人, 牡丹之愛, 宜乎衆矣.

♣ 설명

1) 自李唐來

　・ ～來: '～로부터 이래로'

2) 予獨愛蓮之出於淤泥而不染…

　・ 愛: 빈어가 '…不可褻翫焉'까지 걸린다.

----

1) 蕃(번): 많다.
2) 李唐(이당): 唐代(당대). 唐이 李淵(이연)에 의해서 건국되었으므로 李唐이라 함.
3) 淤泥(어니): 진흙.
4) 淸漣(청련): 맑고 잔잔한 물결. '漣(련)'은 바람이 불어 수면에 물결이 이는 것.
5) 中通外直(중통외직): 연의 줄기가 속이 비어 관통하는 것을 말하며 군자가 虛心(허심)한 것을 비유함.
6) 不蔓不枝(불만부지): 넝쿨지지도 않고 가지도 뻗지 않는다. '蔓(만)'은 다른 사람의 권세에 아부하여 영
　　달을 추구함을 비유함.
7) 亭亭(정정): 훤칠하게 높이 서있는 모양. 植(식): '서다'의 뜻.
8) 褻翫(설완): 함부로 가지고 놀다.
9) 噫(희): 감탄사.
10) 陶後: 도연명 이후. 鮮(선): 드물다, 적다.

· 於: ~로부터.

· 而: 역접 관계를 나타냄.

3) 菊之愛

· 之: 빈어 도치를 강조한다.

4) 宜乎衆矣

· 乎: 부사나 형용사에 쓰이는 접미사. 然이 부사나 형용사 뒤에 쓰여 모양이나 상태를 나타내는 것과 유사함.(*다른 설명: 동작이나 행위가 발생하는 범위를 나타낸다. 연대 한문의이해)

※ 周敦頤(주돈이): 1017~1073. 字는 茂叔(무숙), 號는 濂溪(염계). 北宋(북송) 성리학의 시조이며 그의 理學(이학) 주장은 程顥(정호)와 程頤(정이)를 거쳐 朱熹(주희)에 이르러 집대성되었다. 세간에는 濂溪先生(염계선생)이라 칭해짐. 저서로『太極圖說(태극도설)』,『通書(통서)』가 있다.

♣ 단어 활용

染 : 染色 染料 感染 汚染 傳染

濯 : 洗濯 濯足 濯枝雨

翫(玩) : 玩具 玩賞 愛玩

陶 : 陶醉 陶藝 白陶 陶潛

丹 : 一片丹心 丹田呼吸 丹脣皓齒

蘇軾

壬戌之秋七月旣望¹⁾, 蘇子與客泛舟²⁾, 遊於赤壁之下³⁾, 淸風徐來, 水波不興. 擧酒屬客⁴⁾, 誦明月之詩⁵⁾, 歌窈窕之章⁶⁾, 少焉月出於東山之上⁷⁾, 徘徊於斗牛之間⁸⁾, 白露橫江⁹⁾, 水光接天. 縱一葦之所如¹⁰⁾, 凌萬頃之茫然¹¹⁾, 浩浩乎如憑虛御風而不知其所止,¹²⁾ 飄飄乎如遺世獨立¹³⁾, 羽化而登仙¹⁴⁾. 於是飮酒樂甚, 扣舷而歌之¹⁵⁾, 歌曰, 桂櫂兮蘭槳¹⁶⁾, 擊空明兮泝流光¹⁷⁾. 渺渺兮余懷¹⁸⁾, 望美人兮天一方¹⁹⁾. 客有吹

---

1) 壬戌(임술): 宋(송) 神宗(신종) 元豐(원풍) 5年(1082). 旣望(기망): 음력 16일 밤. 望(망)은 보름(15일).
2) 泛舟(범주): 배를 띄우다.
3) 赤壁(적벽): 삼국시대 魏(위)나라 曹操(조조)의 백만대군이 諸葛亮(제갈량)이 결성한 蜀吳(촉오) 연합군에게 참패한 곳. 본래 적벽은 湖北省(호북성) 嘉魚縣(가어현) 양자강 남쪽 해안에 있으나 소식이 노래한 적벽은 黃州(황주)로 지금의 호북성 黃岡縣(황강현)에 있어 상당히 하류에 있다.
4) 屬(촉): 권하다.
5) 明月之詩: 『詩經(시경)』「陳風(진풍)」의 「月出(월출)」편을 말함. "月出皎兮, 皎人僚兮, 舒窈糾兮, 勞心悄兮."
6) 窈窕之章: 「月出」편의 첫 번째 章을 가리킴. '窈窕(요조)'는 '舒窈糾兮'에서 따온 말.
7) 少焉: 조금 있다가, 잠시 후.
8) 斗牛之間: 斗宿(두수) 牛宿(우수)의 근처, '斗', '牛'는 별자리 이름.
9) 白露橫江: 강위에 달이 밝게 비쳐 흰 이슬이 자욱하게 강을 가로지르는 듯하다는 표현.
10) 縱(종): 마음대로 하게 내버려두다. 一葦(일위): 작은배. 如(여): 동사로서 '가다'의 뜻.
11) 凌(릉): 건너다. 茫然(망연): 넓고 먼 모양.
12) 浩浩(호호): 끝없이 넓고 큰 모양. 憑虛御風(빙허어풍): 하늘을 타고 바람을 몰다.
13) 飄飄(표표): 나부끼는 모양. 遺世(유세): 세상을 버리다.
14) 羽化而登仙: 날개가 돋아 仙人(선인)이 되어 오르다.
15) 扣舷(구현): 뱃전을 두드리다.
16) 桂櫂蘭槳: 계수나무로 만든 노와 木蘭(목란)으로 만든 상앗대. '櫂(도)'는 큰 노, '槳(장)'은 상앗대.
17) 空明(공명): 물속에 비친 달그림자를 뜻함. 泝流光: 달빛 흐르는 강물을 거슬러 올라가다. '泝(소)'는

洞簫者, 倚歌而和之, 其聲嗚嗚然[20], 如怨如慕, 如泣如訴, 餘音嫋嫋[21], 不絶如縷[22], 舞幽壑之潛蛟[23], 泣孤舟之嫠婦[24].

蘇子愀然正襟危坐而問客曰[25], "何爲其然也?" 客曰, "月明星稀, 烏鵲南飛, 此非曹孟德之詩乎[26]? 西望夏口[27], 東望武昌[28]. 山川相繆[29], 鬱乎蒼蒼[30], 此非孟德之困於周郎者乎[31]? 方其破荊州[32], 下江陵[33], 順流而東也[34], 舳艫千里[35], 旌旗蔽空[36]. 釃酒臨江[37], 橫槊賦詩[38], 固一世之雄也, 而今安在哉? 況吾與子, 漁樵於江渚之上[39], 侶魚蝦而

거슬러 올라가다.

18) 渺渺(묘묘): 아득함.

19) 美人(미인): 달. 또는 天子(천자), 賢士(현사), 忠臣(충신).

20) 嗚嗚然(오오연): 퉁소 부는 소리를 표현한 말.

21) 嫋嫋(뇨뇨): 소리가 가냘프고 길게 울리다.

22) 不絶如縷: 끊기지 않음이 실과 같다.

23) 蛟(교): 蛟龍(교룡).

24) 嫠婦(이부): 寡婦(과부).

25) 愀然(초연): 감상에 젖어 안색이 변하는 모양. 危坐(위좌): 몸을 똑바로 하여 단정히 앉다.

26) 曹孟德(조맹덕): 魏(위) 武帝(무제) 曹操(조조). 孟德(맹덕)은 그의 字. 그의 「短歌行(단가행)」에 "月明星稀, 烏鵲南飛, 繞樹三匝, 何枝何依."라는 구절이 있다.

27) 夏口(하구): 호북성 武昌縣(무창현) 서쪽의 지명. 지금의 漢口(한구).

28) 武昌(무창): 지금의 호북성 鄂城縣(악성현).

29) 繆(무): 얽히다.

30) 鬱乎(울호): 울창한 모양, 가득 자란 모양. 蒼蒼(창창): 어둑어둑한 모양. 초목이 빽빽이 들어선 것이 밤에 어둑어둑하게 보이는 것을 묘사한 말.

31) 周郎(주랑): 三國(삼국) 吳(오)나라의 周瑜(주유). 80만 魏軍(위군)을 赤壁大戰(적벽대전)에서 물리침.

32) 方其破荊州: 曹操(조조)가 荊州(형주)의 劉琮(유종)을 물리쳤을 때.

33) 下(하): 동사로 '공략하다'의 뜻.

34) 東(동): 동사로 쓰여 '동쪽으로 가다'의 뜻.

35) 舳艫(축로): '舳(축)'은 船尾[고물], '艫(로)'는 船頭[이물]로 배가 서로 잇닿아 있음을 말함.

36) 旌旗(정기): 軍旗(군기)를 총칭함.

37) 釃酒(시주): 술을 거르다. 술을 마신다는 뜻.

38) 橫槊(횡삭): 창을 빗겨 들다.

39) 樵(초): 나무하다.

友麋鹿[40]. 駕一葉之扁舟, 擧匏樽以相屬[41], 寄蜉蝣於天地[42], 渺滄海之一粟[43]. 哀吾生之須臾[44], 羨長江之無窮. 挾飛仙以遨遊, 抱明月而長終[45], 知不可乎驟得[46], 託遺響於悲風[47]."

蘇子曰, "客亦知夫水與月乎? 逝者如斯, 而未嘗往也, 盈虛者如彼[48], 而卒莫消長也[49], 蓋將自其變者而觀之, 則天地曾不能以一瞬[50], 自其不變者而觀之, 則物與我皆無盡也, 而又何羨乎? 且夫天地之間, 物各有主, 苟非吾之所有, 雖一毫而莫取, 惟江上之淸風, 與山間之明月, 耳得之而爲聲, 目寓(遇있음)之而成色, 取之無禁, 用之不竭, 是造物者之無盡藏也[51], 而吾與子之所共適[52]." 客喜而笑, 洗盞更酌, 肴核旣盡[53], 盃盤狼藉[54]. 相與枕藉乎舟中[55], 不知東方之旣白[56].

---

40) 麋(미): 고라니. 사슴의 일종으로 사슴보다 큼.
41) 匏樽(포준): 표주박으로 만든 술잔.
42) 蜉蝣(부유): 하루살이. 여기서는 하루살이 같은 인생을 비유함.
43) 滄海之一粟: 넓고 큰 바다의 한 알의 좁쌀. 미미하고 하잘 것 없는 존재.
44) 須臾(수유): 잠깐 동안. 눈 깜짝할 사이.
45) 抱明月而長終: 明月을 안고 영원히 그와 운명을 함께 하다.
46) 知不可乎驟得: 갑자기 이루어지는 일이 아님을 알다. '驟(취)'는 갑자기.
47) 遺響: 퉁소의 餘音(여음).
48) 盈虛(영허): 달이 차고 기울다.
49) 消長(소장): 소멸하거나 불어서 커지다.
50) 天地曾不能以一瞬: 그러면 천지는 일순간도 변하지 않을 수가 없다.
51) 無盡藏(무진장): 아무리 꺼내 써도 다함이 없는 寶庫(보고).
52) 適(적): 즐기다, 향유하다.
53) 肴核(효핵): 생선과 고기 안주를 肴(효), 果實(과실) 안주를 核(핵)이라 함.
54) 狼藉(낭자): 마구 흐트러져 뒤섞인 어지러운 모양.
55) 枕藉(침자): 이리저리 마구 누워 서로 베개를 하고 잠자는 것.
56) 白(백): 날이 밝다.

♣ 설명

1) 浩浩乎如憑虛御風, 飄飄乎如遺世獨立
   - 如: 모두 '마치 ~처럼'의 뜻으로 쓰였다.

2) 舞幽壑之潛蛟, 泣孤舟之嫠婦
   - 舞와 泣은 사역의 의미를 포함하여 각각 '춤추게 하다, 울게 하다'로 해석된다.

3) 何爲其然也
   - 何爲: 무엇 때문에, 어째서. '爲何'가 도치됨.
   - 也: 의문사가 있는 의문문에서 어기조사로 쓰일 수 있다.

4) 此非曹孟德之詩乎
   - 非~乎: '~이 아닌가[반문형]

5) 此非孟德之困於周郎者乎
   - 於: 피동을 나타내어 행위의 주동재[周郎]를 끌어낸다.

6) 方其破荊州
   - 方: 개사로서 시점을 나타낸다. '~할 때'의 뜻.

7) 固一世之雄也, 而今安在哉
   - 固: '정말로, 진실로'의 뜻으로 동작이나 행위 상황 등을 강조한다.
   - 安: 의문사로 쓰여 '어디, 어느 곳'의 뜻.

8) 況吾與子, 漁樵於江渚之上, 侶魚鰕而友麋鹿
   - 況: '하물며, 더구나'의 뜻으로 점층 관계를 나타낸다.[억양형]
   - 於: 장소를 나타낸다.
   - 侶와 友: 모두 동사로 쓰였다.

9) 蓋將自其變者而觀之, 則天地曾不能以一瞬
   - 自: 개사로 쓰여 '~로부터'
   - 曾: '그러면'의 뜻으로 쓰여 '乃'와 같다.

10) 苟非吾之所有, 雖一毫而莫取
   - 가정형과 양보형이 결합된 문장이다. '苟'는 '만약, 가령'의 뜻으로 가정을 나타내고 '雖'는 '비록…일지라도'의 뜻으로 양보를 나타낸다.

※ 蘇軾(소식): 1036~1101. 北宋(북송)의 정치가·문학자. 字는 子瞻(자첨), 號는 東坡居士(동파거사). 四川省(사천성) 眉山縣(미산현) 출생. 당송팔대가의 한 사람. 蘇洵(소순)의 아들로 태어나 21세에 동생 轍(철)과 함께 문과에 급제했고, 26세에 制科(제과)에 합격, 등용되어 鳳翔府(봉상부) 사무관이 되었다. 곧 중앙 정부로 옮겼으나, 그때 신종황제가 王安石(왕안석) 등을 기용해 재정혁신법을 추진하는 데 반대해 지방관으로 좌천되었다. 湖州(호주)지사로 있던 44세 때, 시문으로 조정을 비방하였다 하여 사형을 받을 위기에 놓였으나 황제의 은총으로 죽음을 면하고 黃州(황주)로 유배되었다. 그곳에서 작품 「赤壁賦(적벽부)」를 써내어 동파거사라는 호를 받았다. 철종 황제 때 舊法(구법)이 복고되면서 예부상서까지 이르렀으나 다시 신법이 부활되자 海南(해남)섬으로 유배되었다. 이 유배에서 풀려나 귀향하던 길에 江蘇省(강소성) 常州(상주)에서 죽었다. 저서로 『東坡七集(동파칠집)』이 있다.

♣ 단어 활용
   縱 : 縱橫 放縱 操縱士
   御 : 御前 御用 御使 崩御
   懷 : 懷古 懷抱 懷疑 懷中時計 虛心坦懷
   稀 : 稀薄 稀釋 稀罕 稀微 古稀
   寄 : 寄生 寄贈 寄與 寄宿舍 寄附
   瞬 : 瞬發力 瞬息間 一瞬間
   適 : 適任 適應 適切 適材適所 適中 快適

靜夜思정야사

李白

牀前明月光[1], 疑是地上霜[2].
擧頭望明月[3], 低頭思故鄕[4].

※ 開元(개원) 15년(727)에 지어진 것으로 추정되며 「夜思(야사)」라고도 한다. 여행 중 고향을 그리워하는 마음을 담은 시이다.

....

1) 牀前(상전): 침상의 앞이나 그 언저리.
2) 疑是(의): 의심스럽다, 아마도 …인 듯하다. 霜(상): 서리.
3) 擧頭(거두): 머리를 들다. 望(망): (먼 곳을) 바라보다.
4) 低頭(저두): 머리를 숙이다.

山中問答 산중문답

李白

問余何意棲碧山[1],　　笑而不答心自閑.
桃花流水窅然去[2],　　別有天地非人間[3].

※ 문답을 통하여 시인의 자연스러운 隱居志趣(은거지취)를 표현하였다.

----

1) 棲(서): 살다, 머무르다.
2) 窅然(요연): 아득히 먼 모양. 이 구절은 陶淵明(도연명)의 「桃花源記(도화원기)」를 典故(전고)로 차용하였다.
3) 人間(인간): 인간 세상.

遊子吟유자음

孟郊

慈母手中線[1], 游子身上衣[2].
臨行密密縫[3], 意恐遲遲歸[4].
誰言寸草心[5], 報得三春暉[6].

※ 孟郊(맹교)가 50세에 漂陽縣尉(표양현위)로 부임되었을 때 지은 것으로 자식에 대한
   모성애의 위대함을 노래하였다.

※ 孟郊(맹교): 751~814. 字는 東野(동야), 諡號는 貞曜先生(정요선생). 湖州(호주) 武康
   [지금의 浙江(절강) 武康(무강)] 사람이다. 嵩山(숭산)에 은거하다가 46세가 되어서야
   進士(진사)에 합격하였다. 韓愈(한유)와 가까이 지냈으며 그의 復古主義(복고주의)에
   동조하여 작품도 樂府(악부)나 古詩(고시)가 많았는데, 예리하고 창의적 감정과 사상
   이 담겨 있다. 『孟東野詩集(맹동야시집)』 10권이 있다.

----

1) 慈母(자모): 인자한 어머니, 어머니(嚴父의 對).
2) 遊子(유자): 떠돌아다니는 나그네. 孟郊(맹교) 자신을 가리킴.
3) 密密(밀밀): 매우 조밀한 모양. 縫(봉): 꿰매다, 깁다.
4) 遲遲(지지): 더딘 모양.
5) 寸草心: 자식의 효심이 작은 풀처럼 미약함을 비유.
6) 三春(삼춘): 봄의 3개월. 暉(휘): 햇빛. 어머니의 은혜와 사랑을 비유.

賦得高原草送別 부득고원초송별

白居易

離離原上草[1],　　壹歲壹枯榮[2].

野火燒不盡[3],　　春風吹又生.

遠芳侵古道[4],　　晴翠接荒城[5].

又送王孫去[6],　　萋萋滿別情[7].

※ 백거이가 16세 때 지은 것으로 詩를 지어 送別(송별)에 붙인 작품이다. 백거이의 五律(오율) 중 대표작으로 꼽힌다.

※ 백거이(白居易): 772~846. 字는 樂天(낙천), 號는 香山居士(향산거사). 청년 시기에는 가정환경이 빈곤하고 전란도 빈번하여 오랫동안 외지를 유랑하였다. 德宗(덕종) 貞元(정원) 16년(800)에 進士(진사)가 되었다. 문학 작품은 사회를 개량하는 실용적 가치가 있어야 한다고 생각하여 詩로써 당시의 정치를 살피고 인정을 선도하고자 하였다.

---

1) 離離(리리): 풀이 어지럽고 무성하게 자란 모양. '歷歷(력력)'과 같다.
2) 壹歲(일세): 1년마다, 매년. 枯榮(고영): 시들고 또 무성해진다.
3) 燒不盡: (들불에) 태워도 다 죽지 않음.
4) 遠芳(원방): 먼 곳까지 뻗어 자라난 풀.
5) 晴(청): 맑은 날('晴天'의 뜻). 翠(취): 풀의 녹색. 즉, 푸르게 자란 풀을 가리킴. 荒城(황성): 황폐한 성곽.
6) 王孫(왕손): 원래는 '貴公子(귀공자)'를 뜻하나 여기서는 떠나가는 친구를 가리킴.
7) 萋萋(처처): 풀이 무성한 모양. 여기서는 봄철의 무성한 풀과 같이 이별의 정이 가득함을 표현함.

七步詩칠보시

曹植

煮豆燃豆萁[1],　　　豆在釜中泣[2].
本是同根生[3],　　　相煎何太急[4].

※ 형제의 불화를 노래한 시이다. 조식이 형인 文帝(문제)의 명령으로 일곱 걸음을 걷는 동안에 지었다고 한다.(*七步成詩)

※ 曹植(조식): 192~232. 三國(삼국) 魏(위)나라의 시인. 字는 子建(자건). 부친 曹操(조조), 형 曹丕(조비)와 함께 '三曹'로 칭송되었다. 그러나 형과 태자 계승 문제로 암투했고, 형이 즉위한 뒤 불우하게 살았다. 문집으로 『曹子建集(조자건집)』이 있다.

---

1) 煮(자): 삶다. 燃(연): 태우다, 불사르다. 豆萁(두기): 콩을 털고 남은 줄기와 가지. 콩대.
2) 釜(부): 가마솥. 泣(읍): 눈물 흘리다, 울다.
3) 本是(본시): 본래, 본래부터.
4) 相煎(상전): 볶음, 괴롭힘.

登鸛雀樓 등관작루[1]

王之渙

白日依山盡[2],　　　黃河入海流.
欲窮千里目[3],　　　更上一層樓.

※ 관작루에 올라 멀리 경치를 조망하면서 인생에서 더 먼 곳을 보기 위해 끊임없이 정
　진해야 한다는 깨달음/다짐을 노래하였다.

※ 王之渙(왕지환): 688~742(생졸년 미상으로 보는 자료있음). 字는 季陵(계릉). 盛唐(성
　당) 시기의 저명한 邊塞(변새) 시인으로 왕창령, 고적 등과 가까이 지냈다. 邊塞(변
　새), 戰爭(전쟁) 등을 제재로 하여 열정적이고 진취적인 인생관을 표현한 작품이 대부
　분이다. 현재 絶句(절구) 몇 수만 남아있다.

---

1) 鸛雀樓(관작루): 山西省(산서성) 永濟縣(영제현)에 있던 3층으로 된 누대. 누대 앞으로는 中條山(중조
　산)이 보이고 아래로는 黃河(황하)가 흘렀다. 鸛雀[황새]이 자주 쉬어가서 붙여진 이름.
2) 依山盡: 산을 따라 다함. 곧, 천천히 해가 지는 것을 말함.
3) 窮(궁): 다하다. '盡(진)'의 의미.

[명시 감상]

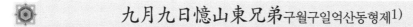 九月九日憶山東兄弟구월구일억산동형제¹⁾

王維

獨在異鄕爲異客²⁾, 每逢佳節倍思親³⁾.
遙知兄弟登高處⁴⁾, 遍揷茱萸少壹人⁵⁾.

※ 중양절에 고향의 가족들을 생각하며 쓴 시이다. 왕유가 17세에 지었다고 한다.

※ 王維(왕유): 701~761. 唐代(당대)의 시인으로 字는 摩詰(마힐)이다. 孟浩然(맹호연)과 함께 盛唐(성당) 자연시파로 분류되며, 그림에도 능하였고 불교를 독실하게 신봉하여 詩佛(시불)로도 칭해진다.

---

1) 九月九日: 重陽節(중양절). 이 날은 높은 곳에 올라 수유를 꽂고 국화주를 마시는 풍습이 있다. 山東(산동): 일반적으로 太行山(태항산) 동쪽 또는 華山(화산) 동쪽을 뜻하는데, 여기서는 후자로 왕유의 고향인 蒲州(포주)를 가리킨다.
2) 異鄕(이향): 타향. 異客(이객): 타향에서 온 사람.
3) 每逢佳節: 매번 명절을 만날 때마다. 倍思親: 가족 생각이 배가되다.
4) 遙(요): 멀다, 요원하다.
5) 遍(편): 두루. 揷(삽): 꽂다. 茱萸(수유): 식물 이름. 열매의 기름을 짜서 머릿기름으로 쓰며, 중양절에 높은 산에 올라가서 이 열매를 꽂으면 邪氣(사기)를 물리친다고 한다.

關雎관저

시경 중 제 1수

關關雎鳩, 在河之洲[1].

窈窕淑女, 君子好逑[2].

參差荇菜, 左右流之[3].

窈窕淑女, 寤寐求之[4].

求之不得, 寤寐思服[5].

悠哉悠哉, 輾轉反側[6].

參差荇菜, 左右采之[7].

窈窕淑女, 琴瑟友之[8].

參差荇菜, 左右毛之[9].

窈窕淑女, 鍾鼓樂之[10].

---

1) 關關(관관): 새의 우는 소리를 표현한 의성어. 雎鳩(저구): 물가에 살면서 물고기를 먹고 사는 물새. 洲(주): 하천 가운데 생긴 섬.
2) 窈窕(요조): 교양 있고 얌전한 모습, 정숙한 모습. 君子(군자): 옛날 덕이나 벼슬이 높은 남자를 지칭. 남자에 대한 美稱(미칭). 逑(구): 짝, 배우자.
3) 參差(참치): 가지런하지 못하고 들쭉날쭉한 모양. 荇菜(행채): 물속에 자라는 마름풀. 左右(좌우): 이리저리. 流(류): 물 흐름에 따라 마름풀을 찾다. '求(구)'의 뜻.
4) 寤寐(오매): 깨어 있으나 잠들어 있으나.
5) 思服(사복): 생각하다, 그리워하다.
6) 輾轉(전전): 이리 눕고 저리 눕는 모양. 反側(반측): 되풀이 되는 모양.
7) 采(채): 뜯다, 따다.
8) 琴瑟(금슬): 고대 현악기. 琴(금)은 7현이고 瑟(슬)은 25현이다.
9) 毛(모): 간택하다, 가려 뽑다.

※『詩經(시경)』의 첫 번째 작품으로 오래 전부터 중시되어 왔으며, 전통적으로 后妃(후비)의 德(덕)을 찬양한 노래라고 풀이하여 왔으나, 객관적으로 독해한다면 자신의 배필을 희구하는 남성의 情歌(정가)라고 볼 수 있다.

---

10) 鐘鼓(종고): 종과 북. 樂(락): 즐겁게 만들다.

送杜少府之任蜀州송두소부지임촉주¹⁾

王勃

城闕輔三秦²⁾, 風煙望五津₃₎.
與君離別意⁴⁾, 同是宦遊人⁵⁾.
海內存知己⁶⁾, 天涯若比隣⁷⁾.
無爲在岐路⁸⁾, 兒女共霑巾⁹⁾.

※ 왕발이 長安(장안)에서 蜀州[지금의 四川省(사천성)]로 부임해 가는 杜少府(두소부)
를 송별하며 지은 것이다.

※ 王勃(왕발): 650~676. 字(자)는 子安(자안). 初唐四傑(초당사걸)이라 불리는 唐 (당)
나라 초기의 대표적 시인. 종래의 婉媚(완미)한 六朝詩(육조시)의 시풍을 벗어나 참
신하고 건전한 정감을 읊어 盛唐詩(성당시)의 선구자가 되었다. 특히 五言絶句(오언
절구)에 뛰어났다. 시문집 『王子安集(왕자안집)』 16권을 남겼다.

----

1) 少府(소부): 縣尉(현위)의 별칭.
2) 城闕(성궐): 長安(장안)을 가리킴. 輔(보): 서울(수도)에 가까운 땅. 畿輔(기보).
   三秦(삼진): 지금의 陝西省(섬서성) 일대. 본래 秦(진)의 옛 영토인데, 項羽(항우)가 秦을 멸한 후 雍
   (옹), 塞(색), 翟(적)으로 나뉘었다.
3) 風煙(풍연): 바람과 안개. 경치. 五津(오진): 長江(장강)의 유명한 나루 5곳. 모두 蜀(촉) 지역에 있었다.
4) 君(군): 동년배 사이에 서로 부르는 칭호.
5) 宦遊(환유): 외지에서 관직을 지내다.
6) 海內(해내): 全中國(전중국)을 가리킴. 知己(지기): 자기를 알아주고 이해해주는 사람.
7) 天涯(천애): 하늘 끝, 먼 곳. 比隣(비린): 이웃.
8) 岐路(기로): 갈림길.
9) 霑巾(점건): 수건을 적시다. 곧, 울다.

偶成우성

朱熹

少年易老學難成[1],　　一寸光陰不可輕[2].
未覺池塘春草夢[3],　　階前梧葉已秋聲.

※ 『朱子公文集(주자공문집)』「勸學文(권학문)」偶成(우성)의 첫 구절이다. 인생에서
　　배움이 소중함을 깨닫고, 시간을 헛되이 하지 말고 배움에 정진할 것을 표현하였다.

※ 朱熹(주희): 1130~1200. 字(자)는 元晦(원회) 또는 仲晦(중회), 號(호)는 晦庵(회암),
　　晦翁(회옹), 考亭(고정) 등. 南宋(남송)의 대학자로 經學(경학)에 정통하여 송대의 성
　　리학을 집대성하여, 그의 학풍을 주자학이라 일컬었으며 우리나라 조선 시대의 유학
　　에도 큰 영향을 미쳤다.

---

1) 易(이): 쉽다.
2) 一寸光陰(일촌광음): 아주 짧은 시간.
3) 池塘(지당): 연못의 둑.

[명시 감상]

秋夜寄丘二十二負外추야기구이십이원외[4]

韋應物

懷君屬秋夜[5], 散步詠涼天[6].
山空松子落[7], 幽人應未眠[8].

※ 臨平山[지금의 浙江省(절강성) 余杭縣(여항현) 동북지역]에서 은둔하고 있는 친구 丘
　丹(구단)을 그리워하는 마음을 읊었다. 우정과 더불어 풍류를 사랑하는 인품을 살필
　수 있는 작품이다.

※ 韋應物(위응물): 737~804?. 唐代(당대)의 시인. 陝西省(섬서성) 長安(장안) 출생. 田
　園山林(전원산림)의 고요한 정취를 소재로 한 작품을 많이 썼다. 唐(당)나라의 자연
　파 시인의 대표자로 王維(왕유), 孟浩然(맹호연), 柳宗元(유종원)과 함께 '王孟韋柳
　(왕맹위류)'로 불렸다.

---

4) 邱(구): 韋應物(위응물)의 친구인 丘丹(구단)을 가리킴. 二十二: 일족 가운데 동세대 사람들을 나이순으
　로 배열하는 순서. 員外(원외): 員外郞.
5) 屬(촉): 때마침.
6) 涼天(양천): 가을, 가을 하늘.
7) 松子(송자): 솔방울.
8) 幽人(유인): 어지러운 세상을 피하여 그윽한 곳에 숨어 사는 사람. 隱者(은자). 친구 丘丹을 가리킴.

부록

1. 한문 교육용 기초 한자 1,800자

[2001학년도부터 적용됨]

ㄱ

가	可	가하다, 옳다
	加	더하다, 가담하다
	佳	아름답다, 좋다
	家	집, 전문가
	歌	노래
	假	빌리다, 거짓, 임시
	價	값, 가치
	街	거리
	架	시렁
	暇	겨를, 여가
각	各	각각
	角	뿔, 모퉁이
	脚	다리, 발
	却	물리치다, 문득
	刻	새기다, 시각
	閣	집, 누각
	覺	깨닫다, 느끼다
간	干	방패, 천간(天干)
	間	사이, 틈나다
	看	보다
	刊	새기다, 출판하다
	肝	간, 귀중하다
	姦	간사하다, 간음하다
	幹	줄기, 주관하다
	簡	간략하다, 편지
	懇	정성, 간절하다
갈	渴	목마르다
감	甘	달다
	敢	구태여, 용감하다
	減	덜다
	感	느끼다
	監	보다, 살피다
	鑑	거울, 거울삼다
갑	甲	갑옷, 천간(天干)
강	江	물, 강
	降	내리다(항복할 항)
	强	강하다, 강제하다
	講	외우다, 강론하다
	康	편안하다, 건강하다
	剛	굳세다
	鋼	강철
	綱	벼리, 강령
개	改	고치다
	開	열다
	個	낱
	皆	다
	介	끼다, 소개하다
	慨	슬프다
	槪	대개, 절개
	蓋	대개, 덮다
객	客	손, 나그네
갱	更	다시(고칠 경)

거	去	가다, 떠나다		경	京	서울
	巨	크다			庚	천간(天干), 나이
	居	살다			景	볕, 경치
	車	수레(성씨 차)			敬	공경하다
	擧	들다, 온			競	다투다
	拒	저항하다, 막다			耕	밭을 갈다
	距	떨어지다, 어기다			經	지나다, 경서, 경영하다
	據	의지하다, 웅거하다			輕	가볍다
건	建	세우다			慶	경사
	乾	마르다, 하늘			驚	놀라다
	件	사건, 일			更	고치다, 시각(다시 갱)
	健	건강하다			竟	마치다, 마침내
걸	乞	빌다, 구하다			境	지경
	傑	준걸, 빼어나다			鏡	거울
검	儉	검소하다			頃	이랑, 잠깐
	劍	칼			傾	기울어지다
	檢	검사하다			徑	길, 지름길
격	格	격식, 틀			硬	굳다
	隔	사이 뜨다			卿	벼슬 이름
	激	격하다			警	경계하다
	擊	치다, 공격하다		계	界	지경
견	犬	개			季	끝, 계절
	見	보다(나타날 현)			癸	천간(天干)
	堅	굳다			計	헤아리다, 계획하다
	肩	어깨			溪	시내
	牽	끌다			鷄	닭
	絹	깁, 비단			系	끈, 매다, 계통
	遣	보내다			繫	매다, 끈
결	決	결단하다, 터지다			係	매다, 관계하다
	結	맺다			桂	계수나무
	潔	맑다, 깨끗하다			戒	경계하다
	缺	이지러지다, 모자라다			契	맺다, 새기다(나라이름 글)
겸	兼	겸하다			械	틀, 기계
	謙	겸손하다			階	섬돌, 계단

	啓	열다	과	果	과실, 과연, 결과
	繼	잇다, 계속하다		科	과목, 과거
고	故	연고, 예		課	공부, 부과하다
	古	예		過	지나다, 허물
	苦	쓰다, 괴롭다		寡	적다, 과부
	告	고하다, 알리다		誇	자랑하다, 과장하다
	固	굳다, 진실로	곽	郭	성, 성씨
	考	상고하다, 죽은 아버지	관	官	벼슬, 관청
	高	높다		關	관계하다, 닫다
	姑	시어머니, 고모		觀	보다, 경치
	孤	외롭다		貫	꿰다, 뚫다
	稿	볏짚, 원고		冠	갓
	枯	마르다		管	대롱, 주관하다
	庫	곳집, 창고		寬	너그럽다
	鼓	북, 북치다		慣	익히다, 관습
	顧	돌아보다		館	집
곡	谷	골짜기	광	光	빛, 경치
	曲	굽다, 곡조		廣	넓다
	穀	곡식		狂	미치다
	哭	울다		鑛	쇳돌
곤	困	곤하다	괘	掛	걸다
	坤	땅	괴	怪	괴이하다
골	骨	뼈		塊	흙덩이, 덩어리
공	工	장인, 공업		愧	부끄럽다
	公	귀인, 공정하다		壞	무너지다
	共	함께	교	交	사귀다, 바꾸다
	功	공		校	학교
	空	비다, 하늘		敎	가르치다
	孔	구멍, 성씨		橋	다리
	供	이바지하다		巧	공교롭다
	恭	공손하다		郊	들, 교외
	貢	바치다		較	비교하다
	恐	두렵다		矯	바로잡다
	攻	치다, 공격하다	구	九	아홉

口 입
久 오래다
求 구하다
句 글귀
究 궁구하다
救 구원하다
舊 예
丘 언덕
具 갖추다, 그릇
苟 진실로, 구차하다
俱 함께
區 구역, 모퉁이, 나누다
拘 거리끼다, 잡다
球 구슬, 공
狗 개
驅 몰다, 쫓다
構 얽어매다, 맺다
懼 두렵다
龜 거북, 땅이름(터질 균)

국 國 나라
局 판, 형편
菊 국화

군 君 임금, 그대
軍 군사
郡 고을
群 무리

굴 屈 굽히다

궁 弓 활
宮 집, 궁궐
窮 궁하다, 궁리하다

권 卷 책
勸 권하다
權 권세, 저울추
券 문서, 쪽지

拳 주먹
궐 厥 그, 그것
궤 軌 길, 굴대, 좇다
귀 貴 귀하다
歸 돌아가다
鬼 귀신
龜 거북, 땅이름(터질 균)
규 叫 부르짖다
糾 꼬다, 모으다
規 법칙
균 均 고르다
菌 버섯, 곰팡이
龜 터지다, 틈나다
(땅이름, 거북 구, 귀)
극 極 다하다, 지극하다
克 이기다
劇 심하다, 희롱하다
근 近 가깝다
根 뿌리
勤 부지런하다
斤 근(무게), 도끼
僅 겨우, 적다
謹 삼가다
글 契 나라 이름(契丹)(새길 계, 문서 계)
금 今 이제, 지금
金 쇠, 금, 돈(성 김)
禁 금하다
琴 거문고
禽 새, 사로잡다
錦 비단, 아름답다
급 及 미치다
急 급하다
給 주다
級 등급, 계급

긍　肯　즐기다, 인정하다
기　己　몸
　　其　그, 그것
　　基　터, 바탕
　　期　기약하다, 기간
　　技　재주
　　記　기록하다
　　起　일어나다
　　氣　기운, 기체
　　幾　몇, 거의, 기미
　　旣　이미
　　企　바라다, 꾀하다
　　奇　기이하다
　　寄　부치다
　　豈　어찌
　　忌　꺼리다, 기제사
　　紀　벼리, 해, 기록
　　祈　빌다
　　器　그릇
　　棄　버리다
　　欺　속다
　　騎　말을 타다
　　旗　기
　　飢　주리다
　　畿　왕 터, 경기 지방
　　機　틀, 기계
긴　緊　긴요하다, 긴장하다
길　吉　길하다
김　金　성씨(쇠 금)

ㄴ

나　那　어찌, 무엇

낙　諾　허락하다, 대답하다
난　暖　따뜻하다
　　難　어렵다
남　南　남녘
　　男　사나이
납　內　들이다(안 내)
　　納　들이다, 바치다
낭　娘　여자, 어머니
내　內　안(들입 납)
　　乃　이에, 너
　　奈　어찌
　　耐　견디다
녀　女　계집, 딸자식, 너
년　年　해, 나이
념　念　생각
녕　寧　편안하다, 차라리, 어찌
노　怒　성내다
　　奴　종
　　努　힘쓰다
농　農　농사, 농사짓다
뇌　惱　번뇌하다
　　腦　뇌, 머릿골
능　能　능하다
니　泥　진흙

ㄷ

다　多　많다
　　茶　차
단　丹　붉다
　　但　다만
　　單　홑
　　短　짧다, 모자라다

	端	끝, 실마리		島	섬
	旦	아침		道	길, 도리
	段	층계		圖	그림, 도모하다
	團	둥글다, 모이다		途	길
	壇	제터, 단		逃	도망하다, 달아나다
	檀	박달나무		挑	돋우다
	斷	끊다		桃	복숭아
달	達	통달하다, 이르다		跳	뛰다
담	談	말씀		盜	도둑, 도둑질하다
	淡	맑다, 담백하다		倒	넘어지다, 거꾸로
	擔	메다, 담당하다		渡	건너다
답	答	대답하다		稻	벼
	畓	논		陶	질그릇
	踏	밟다		導	인도하다
당	堂	집	독	獨	홀로
	當	마땅하다, 당하다		讀	읽다(글귀 두)
	唐	당나라, 당황하다		毒	독하다, 독
	糖	사탕		篤	두렵다, 심하다
	黨	무리		督	감독하다, 재촉하다
대	大	크다	돈	豚	돼지
	代	대신하다, 잇다		敦	두텁다
	待	기다리다, 대하다	돌	突	부딪치다, 구둘
	對	대답하다, 대하다	동	冬	겨울
	帶	띠		東	동녘
	貸	꾸다, 빌리다		同	한가지, 같다
	隊	무리		洞	고을(통할 통)
	臺	대, 누각		童	아이
덕	德	크다, 덕, 은혜		動	움직이다
도	刀	칼		凍	얼다
	度	법도, 정도(헤아릴 탁)		銅	구리
	徒	무리, 한갓	두	斗	말, 우뚝하다
	到	이르다		豆	콩, 제기(祭器)
	塗	진흙, 칠하다		頭	머리
	都	도읍		讀	글귀(읽을 독)

둔	屯	진을 치다
	鈍	둔하다, 무디다
득	得	얻다
등	等	무리, 같다
	登	오르다
	燈	등불
	騰	오르다, 도약하다

ㄹ

라	羅	벌이다, 비단
락	落	떨어지다, 마을
	樂	즐겁다
		(풍류 악, 즐길 요)
	絡	잇다
란	卵	알
	亂	어지럽다, 난리
	蘭	난초
	欄	난간
람	覽	보다
	濫	넘치다
랑	浪	물결
	郎	사나이, 남편
	廊	행랑, 회랑
래	來	오다
랭	冷	차다, 싸늘하다
략	略	간략하다, 꾀
	掠	노략질하다
량	良	어질다, 좋다
	兩	둘, 돈(돈의 단위)
	涼	서늘하다
	量	헤아리다
	梁	들보, 다리, 땅이름

	諒	믿다, 살피다
	糧	양식
려	旅	나그네, 군대
	麗	곱다
	慮	생각하다
	勵	힘쓰다, 권장하다
력	力	힘
	歷	지내다, 두루
	曆	책력
련	連	연하다, 잇다
	練	단련하다, 익히다
	蓮	연꽃
	鍊	단련하다, 쇠불리다
	憐	불쌍히 여기다
	聯	연하다, 짝
	戀	그리워하다
렬	列	벌이다, 늘어놓다
	烈	맵다
	劣	모자라다, 용렬하다
	裂	찢어지다
렴	廉	청렴하다
렵	獵	사냥, 잡다
령	令	명령하다, 아름답다
	領	거느리다
	零	떨어지다, 영
	嶺	재, 산봉우리
	靈	신령
례	例	보기, 규칙
	禮	예도
	隸	종, 붙다
로	老	늙다
	路	길
	勞	수고롭다
	露	이슬, 드러나다

	爐	화로
록	綠	푸르다
	祿	봉록
	錄	기록하다
	鹿	사슴
론	論	의논하다
롱	弄	희롱하다
뢰	雷	우레
	賴	의지하다, 힘입다
료	料	헤아리다
	了	마치다, 깨닫다
	僚	동료, 벼슬아치
룡	龍	용
루	累	여러
	淚	눈물
	樓	다락집
	漏	새다
	屢	여러, 자주
류	流	흐르다, 떠돌아다니다
	柳	버들
	留	머무르다
	類	무리
륙	六	여섯
	陸	뭍
륜	倫	인륜, 무리
	輪	수레바퀴
률	律	법률, 조절하다
	栗	밤
	率	비율(거느릴 솔)
륭	隆	높다, 성하다
릉	陵	언덕, 왕릉
리	里	마을
	利	이롭다, 날카롭다
	理	다스리다, 이치

	吏	아전, 관리
	李	오얏
	梨	배
	裏	속
	離	떠나다
	履	신, 밟다
린	隣	이웃
림	林	수풀
	臨	임하다, 다다르다
립	立	서다

ㅁ

마	馬	말
	麻	삼
	磨	갈다, 다듬다
막	莫	없다, 말다
	幕	휘장
	漠	아득하다
만	萬	일만
	晩	늦다
	滿	가득 차다
	漫	흩어지다
	慢	게으르다, 거만하다
말	末	끝
망	亡	망하다, 도망하다
	忙	바쁘다
	忘	잊다
	望	바라다, 보름
	罔	없다, 속이다
	妄	망녕되다
	茫	망망하다
매	每	매양

	妹	누이(아랫누이)
	買	사다
	賣	팔다
	梅	매화
	埋	묻다
	媒	중매하다
맥	麥	보리
	脈	핏줄, 맥, 줄기
맹	孟	맏, 성씨
	盟	맹세하다
	猛	사냥하다
	盲	소경, 눈멀다
면	面	낯, 대하다
	眠	잠자다
	免	면하다
	勉	힘쓰다, 부지런하다
	綿	솜, 연잇다
멸	滅	멸하다, 다하다
명	名	이름
	命	명령하다
	明	밝다
	鳴	울다
	冥	어둡다, 깊숙하다
	銘	새기다
모	母	어머니
	毛	털, 가늘다
	侮	업신여기다
	暮	저물다
	冒	무릅쓰다(묵돌 묵)
	某	아무개
	謀	꾀하다
	募	모으다
	慕	사모하다
	模	본뜨다, 법

	貌	모양
목	木	나무
	目	눈
	牧	치다, 기르다
	睦	화목하다
몰	沒	빠지다, 다하다
몽	夢	꿈
	蒙	어리다, 어리석다
묘	妙	묘하다
	卯	토끼
	苗	싹, 자손
	墓	무덤
	廟	사당
무	戊	천간(天干)
	茂	무성하다
	無	없다
	舞	춤추다
	武	호반
	務	힘쓰다
	貿	무역하다
	霧	안개
묵	墨	먹
	默	잠잠하다, 입 다물다
문	門	문
	問	묻다
	聞	듣다
	文	글월, 문서
물	勿	말다, 없다
	物	만물, 물건
미	未	아니다
	米	쌀
	美	아름답다
	味	맛
	尾	꼬리

	迷	미혹하다, 아득하다
	眉	눈썹
	微	작다, 가늘다, 기미
민	民	백성
	敏	민첩하다
	憫	민망하다
밀	密	빽빽하다
	蜜	꿀

ㅂ

박	朴	순박하다, 성씨
	拍	손뼉 치다
	迫	핍박하다
	泊	배 대다
	博	넓다
	薄	얇다
반	半	반
	反	돌이키다, 반대하다
	伴	짝, 따르다
	飯	밥
	返	돌이키다
	班	나누다, 얼룩지다
	叛	배반하다
	般	일반
	盤	쟁반, 받침
발	發	피어나다, 떠나다
	拔	뽑다
	髮	터럭
방	方	모, 방위, 방법
	房	방
	防	막다
	放	놓다, 방종하다

	訪	찾다
	邦	나라
	妨	방해하다, 거리끼다
	傍	곁
	芳	꽃답다, 빛나다
	倣	본받다
배	拜	절, 공경하다
	杯	술잔
	北	달아나다 (북녘 북)
	倍	곱
	培	북돋우다
	配	짝, 나누다
	輩	무리
	背	등, 등지다
	排	물리치다, 밀다
백	白	희다, 아뢰다
	百	일백
	伯	맏
번	番	차례, 번
	煩	번거롭다
	繁	번성하다
	飜	뒤집다, 번역하다
벌	伐	치다
	罰	벌하다
범	凡	무릇, 범상하다
	犯	범하다
	範	법, 모범
법	法	법
벽	壁	벽
	碧	푸르다
변	變	변하다
	便	문득, 대소변
	辯	말 잘하다
	辨	분별하다

	邊	가		部	떼, 부서
별	別	다르다, 나누다, 분별하다		富	부자
병	兵	군사, 병기		復	다시 (회복할 복)
	丙	남녘 (天干)		婦	며느리, 지어미
	病	병들다, 곤란해 하다		浮	뜨다
	屛	물리치다, 병풍		付	주다, 부탁하다
	竝	아우르다		負	지다
보	步	걸음, 걷다		府	마을, 곳집
	保	보호하다		附	붙다, 따르다
	報	갚다		符	병부, 들어맞다
	普	넓다		腐	썩다, 썩히다
	補	깁다, 돕다		赴	달아나다
	譜	계보		副	버금
	寶	보배		賦	주다, 구실
복	伏	엎드리다, 숨다		簿	장부
	服	옷 입다	북	北	북녘 (달아날 배)
	福	복	분	分	나누다
	復	회복하다, 갚다		粉	가루
		(다시 부)		紛	어지럽다
	卜	점		奔	달아나다
	腹	배		墳	무덤
	複	거듭, 겹치다		憤	분내다
	覆	뒤집히다 (덮을 부)		奮	떨치다, 힘쓰다
본	本	근본	불	不	아니다
봉	奉	받들다		佛	부처
	逢	만나다		拂	떨치다
	封	봉하다	붕	朋	벗, 무리
	峰	산봉우리		崩	무너지다, 죽다
	蜂	벌	비	非	아니다, 그르다, 비난하다
	鳳	봉새		比	견주다, 가지런하다
부	夫	지아비, 사내, 무릇		悲	슬프다
	父	아버지		備	갖추다
	否	아니다		飛	날다
	扶	돕다, 부축하다		鼻	코

	卑	낮다
	妃	왕비
	婢	계집종
	肥	살찌다, 기름지다
	秘	숨기다
	碑	비석
	費	허비하다, 비용
	批	비평하다
빈	貧	가난하다
	賓	손
	頻	자주
빙	氷	얼음
	聘	맞다, 부르다

人

사	士	선비
	仕	벼슬
	四	넷
	寺	절
	師	스승, 군사
	巳	뱀
	史	사관, 사기
	死	죽다
	使	하여금, 부리다
	絲	실
	事	일, 섬기다
	思	생각하다
	食	먹이다, 밥(먹을 식)
	舍	집, 버리다
	私	사사
	射	쏘다 (맞출 석)
	謝	사례하다

	司	맡다, 벼슬
	社	사직, 모이다
	祀	제사, 제사지내다
	蛇	뱀
	詞	말씀, 글
	捨	버리다
	邪	간사하다 (어조사 야)
	賜	주다
	斜	비끼다, 기울다
	詐	속이다
	沙	모래
	似	같다, 비슷하다
	查	조사하다, 사돈
	寫	쓰다, 사진
	斯	이
	辭	말씀, 사양하다
삭	數	자주 (셈 수)
	削	깎다
	朔	초하루
산	山	뫼
	産	낳다
	散	흩어지다
	算	계산하다
살	殺	죽이다 (감할 쇄)
삼	三	셋
	參	셋 (참여할 참)
상	尙	오히려, 숭상하다
	上	위, 오르다
	相	서로, 모양
	想	생각
	商	장사, 헤아리다
	常	항상, 떳떳하다
	喪	죽다, 잃다
	霜	서리, 세월

	傷	상하다
	賞	상주다, 감상하다
	床	책상
	狀	형상 (문서 장)
	象	코끼리, 형상
	詳	자세하다
	祥	상서롭다
	桑	뽕나무
	裳	치마
	像	형상, 본뜨다
	償	갚다
	嘗	맛보다, 일찍이
쌍	雙	짝
새	塞	변방 (막을 색)
색	色	빛, 색
	索	찾다
	塞	막다 (변방 새)
생	生	낳다, 살다
	省	덜다 (살필 성)
서	西	서녘
	書	글, 책
	序	차례
	暑	더위
	敍	펴다, 베풀다
	徐	천천히 하다, 성씨
	恕	용서하다
	庶	거의, 뭇
	署	관청, 서명하다
	緒	실마리
	誓	맹세하다
	逝	가다
석	石	돌
	夕	저녁
	昔	옛

	惜	아깝다
	席	자리
	射	맞히다 (쏠 사)
	析	나누다
	釋	풀다, 놓다
선	先	먼저, 앞
	仙	신선
	善	착하다, 잘하다
	船	배
	線	줄
	鮮	곱다, 드물다
	選	가리다
	宣	베풀다
	旋	돌다
	禪	선, 선위하다
설	說	말씀 (달랠 세, 기쁠 열)
	設	베풀다
	雪	눈, 씻다
	舌	혀
섭	涉	건너다
	攝	당기다, 돕다
성	成	이루다
	姓	성
	盛	성하다
	城	재, 성
	誠	정성, 진실로
	聖	성인, 거룩하다
	聲	소리, 명예
	星	별
	省	살피다 (덜 생)
	性	성품
세	世	세상, 세대
	洗	씻다
	稅	세금

	勢	형세		頌	칭송하다
	歲	해, 나이	쇄	殺	감하다 (죽일 살)
	細	가늘다		刷	닦다, 인쇄하다
	說	달래다		鎖	자물쇠, 쇠사슬
		(말씀 설, 기쁠 열)	쇠	衰	쇠하다 (상복 최)
소	小	작다	수	手	손
	少	적다, 젊다		守	지키다
	所	바, 곳		水	물
	素	희다, 본디		收	거두다
	笑	웃음		數	셈 (자주 삭)
	消	사라지다, 줄다		受	받다
	召	부르다		垂	드리우다
	昭	밝다		愁	근심
	訴	하소연하다		首	머리
	蘇	소생하다		誰	누구
	疎	성기다, 상소하다		授	주다
	掃	쓸다		搜	찾다, 가리다
	騷	시끄럽다, 풍류		修	닦다
	燒	불사르다		壽	목숨
	蔬	나물, 채소		秀	빼어나다
속	俗	속되다, 풍속		雖	비록
	速	빠르다		須	모름지기
	續	잇다		樹	나무, 세우다
	束	묶다		囚	가두다
	粟	조, 곡식		殊	다르다
	屬	붙이, 무리 (부탁할 촉)		需	구하다, 쓰이다
손	孫	손자, 자손		遂	드디어
	損	덜다		帥	장수 (거느릴 솔)
솔	帥	거느리다 (장수 수)		睡	졸다
	率	거느리다 (비율 률)		輸	보내다, 싣다
송	松	솔		隨	따르다
	送	보내다		獸	짐승
	訟	송사하다	숙	宿	자다
	誦	외우다		叔	아재비

	淑	맑다			矢	화살
	孰	누구			侍	모시다
	熟	익다, 익숙하다		씨	氏	성씨
	肅	엄숙하다		식	式	법, 예식
순	順	순하다			食	먹다 (밥 사)
	純	순수하다			植	심다
	旬	열흘			識	알다 (기록할 지)
	殉	따라 죽다			息	쉬다, 숨쉬다, 자식
	脣	입술			飾	꾸미다
	循	좇다, 돌다		신	臣	신하
	巡	순행하다			申	납, 펴다
	瞬	눈 깜짝할 사이			辛	맵다, 쓰다
술	戌	개			身	몸
	述	서술하다			信	믿다, 편지
	術	꾀, 기술			神	귀신
숭	崇	높다			新	새, 새롭다
습	習	익히다			辰	별 (별 진)
	拾	줍다 (열 십)			伸	펴다
	濕	젖다			晨	새벽
	襲	엄습하다, 인하다			愼	삼가다
승	承	잇다		실	失	잃다
	乘	타다			室	집, 아내
	勝	이기다, 낫다			實	열매
	昇	오르다		심	心	마음
	僧	중			甚	심하다
시	市	저자			深	깊다
	示	보이다			尋	찾다, 길
	是	이, 옳다			審	살피다
	時	때		십	十	열
	詩	글, 시				
	始	비로소				
	視	보다			○	
	試	시험하다				
	施	베풀다		아	我	나

	兒	아이
	亞	버금
	牙	어금니
	芽	싹
	雅	맑다, 우아하다
	餓	주리다
악	惡	악하다 (미워할 오)
	樂	풍류
		(즐거울 락, 즐길 요)
	岳	큰 산, 벼슬 이름
안	安	편안하다, 어찌
	案	책상, 생각하다
	眼	눈
	顔	얼굴
	岸	언덕
	雁	기러기
알	謁	뵙다
암	暗	어둡다
	巖	바위
압	押	누르다
	壓	누르다
앙	仰	우러르다
	央	가운데
	殃	재앙
애	哀	슬프다
	愛	사랑하다
	涯	물가
액	厄	재앙
	額	이마, 수량
야	也	어조사
	夜	밤
	野	들, 민간
	耶	어조사
	邪	어조사 (간사할 사)

약	若	같다, 만약, 너
	約	언약, 검소하다
	弱	약하다
	藥	약
	躍	뛰다, 빠르다
양	羊	양
	洋	바다
	陽	볕
	養	기르다, 봉양하다
	揚	떨치다
	讓	사양하다
	楊	버들
	樣	모양
	壤	흙덩이, 땅
어	魚	물고기
	漁	고기를 잡다
	語	말씀
	於	어조사
	御	어거하다, 임금
억	億	억
	憶	생각하다, 기억하다
	抑	누르다
언	言	말씀
	焉	어조사, 어찌
엄	嚴	엄하다
업	業	일
여	如	같다, 만약, 가다
	余	나
	汝	너
	與	더불어, 주다
	餘	남다, 나머지
	予	나
	輿	가마, 수레
역	亦	또

	易	바꾸다 (쉬울 이)		泳	헤엄치다
	逆	거스르다, 맞이하다		詠	읊다
	役	부리다		影	그림자
	域	지경	예	藝	재주
	譯	통변하다, 번역하다		豫	미리
	驛	역말		銳	날카롭다
	疫	병		譽	기리다
연	硏	궁구하다	오	五	다섯
	然	그러하다, 불사르다		吾	나
	煙	연기		午	낮
	鉛	납		悟	깨닫다
	宴	잔치, 편안하다		烏	까마귀
	演	넓히다, 희롱하다		誤	그르다
	沿	물 따라 흐르다		惡	미워하다 (악할 악)
	燃	불사르다		娛	즐거워하다
	燕	제비, 잔치		嗚	슬프다, 탄식하다
	延	뻗다, 연장하다		汚	더럽다
	緣	인연		傲	거만하다
	軟	연하다	옥	玉	구슬, 옥
열	悅	기쁘다		屋	집
	說	기쁘다		獄	옥
		(달랠 세, 말씀 설)	온	溫	덥다, 따뜻하다
	熱	덥다	옹	翁	늙은이
	閱	검열하다		擁	안다, 잡다
염	炎	불꽃	와	瓦	기와
	染	물들이다		臥	눕다
	鹽	소금	완	完	완전하다
엽	葉	잎		緩	느리다
영	永	길다	왈	曰	가로되, 말하다
	英	꽃부리	왕	王	임금
	榮	영화		往	가다
	迎	맞다	외	外	바깥
	映	비치다		畏	두렵다
	營	경영하다	요	要	중요하다

	樂	즐기다
		(즐거울 락, 풍류 악)
	謠	노래
	搖	흔들다
	腰	허리
	遙	멀다, 거닐다
욕	欲	하고자 하다
	浴	목욕하다
	慾	욕심
	辱	욕되다
용	用	쓰다
	容	얼굴
	勇	날래다, 용감하다
	庸	떳떳하다
우	又	또
	右	오른쪽
	于	어조사
	牛	소
	友	벗
	宇	집
	尤	더욱
	雨	비, 비 내리다
	遇	만나다
	憂	근심하다
	羽	깃
	偶	짝, 우연
	愚	어리석다
	優	넉넉하다, 우수하다
	郵	역말, 우편
운	云	이르다
	雲	구름
	運	운수, 운행하다
	韻	음운
웅	雄	수컷, 영웅

원	元	으뜸
	怨	원망하다
	願	원하다
	原	언덕, 근원
	遠	멀다
	圓	둥글다
	園	동산
	員	관원
	院	집
	源	근원
	援	돕다
월	月	달
	越	넘다
위	爲	하다, 위하다
	位	벼슬, 자리
	危	위태하다
	威	위엄
	偉	크다, 위대하다
	委	맡기다
	胃	밥통
	圍	두르다, 둘레
	衛	호위하다
	違	어기다
	謂	이르다
	慰	위로하다
	緯	씨줄
	僞	거짓
유	有	있다
	幼	어리다
	由	말미암다
	油	기름
	唯	오직
	遊	놀다
	酉	닭

猶　같다, 오히려
柔　부드럽다
遺　끼치다, 버리다
儒　선비
乳　젖
愈　낫다, 더욱
幽　그윽하다, 깊숙하다
裕　넉넉하다
惟　오직, 생각하다
誘　꾀다
維　벼리, 오직
悠　멀다
육　肉　고기
　　育　기르다
윤　潤　윤택하다, 젖다
　　閏　윤달
은　恩　은혜
　　銀　은
　　隱　숨다
을　乙　새
음　音　소리
　　吟　읊다
　　陰　그늘, 흐르다
　　飮　마시다
　　淫　음란하다
읍　邑　고을
　　泣　울다
응　凝　엉기다
　　應　응하다, 대답하다
의　衣　옷, 웃옷
　　依　의지하다, 좇다
　　意　뜻, 마음
　　義　옳다, 뜻
　　議　의논하다

　　醫　의원
　　矣　어조사
　　宜　마땅하다
　　疑　의심하다
　　儀　거동
이　二　둘
　　以　써
　　耳　귀, 따름이다
　　異　다르다
　　已　이미, 뿐이다
　　易　쉽다 (바꿀 역)
　　移　옮기다
　　而　말 잇다
　　夷　오랑캐
익　益　더하다, 이익
　　翼　날개
인　人　사람
　　仁　어질다
　　引　끌다
　　因　인하다
　　忍　참다
　　認　알다, 인정하다
　　印　도장
　　寅　동방, 범
　　姻　혼인하다
일　一　하나
　　日　날, 해
　　逸　편안하다, 숨다
임　壬　북방, 천간
　　任　맡기다
　　賃　빌다, 품팔이
입　入　들다

ㅈ

자	子	아들, 그대
	自	스스로, 자기
	字	글자
	者	놈, 사람
	姉	윗누이
	慈	사랑
	資	바탕, 재물
	恣	방자하다
	姿	모양
	紫	붉다, 자줏빛
	刺	찌르다
	玆	이
작	作	짓다
	昨	어제
	酌	짐작하다
	爵	벼슬, 술잔
잔	殘	쇠잔하다, 남다, 모질다
잠	潛	잠기다
	暫	잠깐
잡	雜	섞이다
장	長	길다, 어른
	壯	장하다, 씩씩하다
	將	장수, 장차
	章	글장
	場	마당
	狀	문서 (모양 상)
	丈	어른, 길
	張	베풀다
	腸	창자
	障	막다
	裝	꾸미다
	墻	담

	獎	권장하다
	帳	휘장
	莊	씩씩하다, 별장
	葬	장사지내다
	藏	감추다
	臟	내장
	掌	손바닥
	粧	단장하다
재	在	있다
	才	재주
	再	둘
	宰	벼슬아치, 다스리다
	財	재물
	材	재목
	哉	어조사
	栽	심다, 재배하다
	災	재앙
	載	싣다, 해
	裁	마르다, 결정하다
	齋	재계 (가지런할 제)
쟁	爭	다투다
저	貯	쌓다
	低	낮다
	著	나타나다, 짓다
	底	밑
	抵	막다
	諸	어조사 (모두 제)
적	的	과녁, 목표
	赤	붉다
	適	가다, 마침
	敵	대적하다
	寂	고요하다
	賊	도둑, 해치다
	籍	호적, 문서

	摘	따다
	滴	물방울
	積	쌓다
	績	길쌈
	跡	자취
전	全	온전하다
	田	밭
	前	앞
	典	법, 책, 의식
	電	번개
	戰	싸우다
	展	펴다
	殿	대궐, 존칭
	錢	돈
	傳	전하다, 전기
	轉	구르다
	專	오로지, 전담하다
절	節	마디, 절약하다
	絶	끊다
	切	간절하다, 끊다
	折	꺾다
	竊	훔치다, 도둑
점	店	전방
	占	점치다
	點	점
	漸	점점
접	接	접하다, 닿다
	蝶	나비
정	正	바르다
	丁	고무래, 장정
	井	우물
	貞	곧다, 정숙하다
	頂	이마, 정수리
	定	정하다

	政	정사
	庭	뜰
	情	뜻, 실정
	精	깨끗하다, 정신
	靜	고요하다
	停	머무르다
	淨	깨끗하다
	亭	정자
	征	치다, 가다
	訂	바로잡다
	整	가지런하다
	廷	조정
	程	길, 과정
제	弟	아우, 제자
	第	차례
	題	아마, 제목
	帝	임금
	製	짓다, 제조하다
	諸	모두 (어조사 저)
	祭	제사
	除	제하다
	制	억제하다, 제정하다
	提	끼다, 제기하다
	齊	가지런하다(재계할 재)
	堤	방축, 언덕
	際	즈음
	濟	건너다, 구제하다
	早	이르다
	鳥	새
	朝	아침, 조정
	助	돕다
	造	짓다, 나아가다
	祖	할아버지
	調	고르다, 조사하다

	兆	억조, 조짐			宙	집, 하늘
	弔	조상하다			晝	낮
	操	잡다			舟	배
	燥	마르다			柱	기둥
	照	비추다			周	두루, 둘레
	租	조세			株	그루
	組	짜다, 조직하다			州	고을
	條	가닥, 조목, 조리			洲	섬
	潮	조수			鑄	쇠 부어 만들다
족	足	발, 족하다		죽	竹	대
	族	겨레		준	俊	준걸, 빼어나다
존	存	있다			準	법도, 고르다
	尊	높다, 존경하다			遵	좇다, 따르다
졸	卒	마치다, 군사		중	中	가운데
	拙	졸하다			重	무겁다, 중요하다
종	宗	마루			衆	무리
	終	마치다			仲	버금, 가운데
	從	좇다		즉	卽	곧, 나아가다
	種	씨, 심다			則	곧 (법칙 칙)
	鍾	쇠북		증	曾	일찍이
	縱	세로, 방종하다			增	더하다
좌	左	왼쪽			證	증거
	坐	앉다			憎	밉다
	佐	돕다			症	증세
	座	자리			贈	주다
죄	罪	허물			蒸	찌다, 무리
주	主	주인, 임금		지	之	가다, 그, 외
	住	살다			支	지탱하다
	奏	아뢰다, 연주하다			只	다만
	注	물대다, 흐르다			止	그치다
	走	달리다			知	알다
	朱	붉다			地	땅, 곳
	珠	구슬			至	이르다, 지극하다
	酒	술			志	뜻

	枝	가지
	持	가지다
	指	손가락, 가리키다
	紙	종이
	識	기록하다 (알 식)
	池	못
	智	지혜
	誌	기록하다
	遲	더디다
직	直	곧다
	職	벼슬, 직분
	織	짜다, 조직하다
진	眞	참
	辰	별 (별 신)
	進	나아가다
	盡	다하다
	陣	진치다
	珍	보배
	振	떨치다
	震	벼락, 천둥
	鎭	진압하다
	陳	베풀다, 오래되다
질	質	바탕
	疾	병, 빠르다
	姪	조카
	秩	차례, 녹
집	集	모이다
	執	잡다
징	徵	부르다, 거두다
	懲	막다

	大	
차	車	성씨 (수레 거)
	此	이
	次	버금
	且	또, 장차
	借	빌리다
	差	어긋나다
착	着	붙이다, 입다
	錯	어긋나다, 그르다
	捉	잡다
찬	贊	돕다, 찬성하다
	讚	기리다
찰	察	살피다
참	參	참여하다 (셋 삼)
	慘	참혹하다, 슬프다
	慙	부끄럽다
창	昌	창성하다
	唱	부르다
	窓	창문
	倉	곳집, 창고
	蒼	푸르다
	創	비롯하다
	暢	화창하다
채	菜	나물, 채소
	採	캐다, 채집하다
	彩	채색, 빛나다
	債	빚
책	責	꾸짖다, 책임
	冊	책
	策	꾀
처	妻	아내
	處	곳
척	尺	자

	斥	내치다, 배척하다
	戚	겨레, 슬프다
	拓	열다
천	千	일천
	天	하늘
	川	내
	泉	샘
	淺	얕다
	賤	천하다
	踐	밟다, 행하다
	薦	올리다, 천거하다
	遷	옮기다
철	鐵	쇠
	哲	밝다
	徹	통하다, 뚫다
첨	尖	뾰족하다
	添	더하다
첩	妾	첩
청	靑	푸르다
	晴	개다, 맑다
	請	청하다
	淸	맑다
	聽	듣다
	廳	마루, 관청
체	體	몸
	滯	막히다
	替	바꾸다, 대신하다
	切	모두 (끊을 절)
	逮	미치다, 이르다, 잡다
	遞	갈마들다, 번갈아
초	草	풀
	初	처음
	招	부르다
	肖	착하다, 같다

	超	뛰다
	抄	베끼다, 뽑다
	秒	시간 단위
	礎	주춧돌
촉	促	재촉하다
	燭	촛불
	觸	찌르다, 부딪치다
	屬	부탁하다 (붙이 속)
촌	寸	마디
	村	마을
총	銃	총
	總	거느리다, 모두
	聰	귀 밝다
최	最	가장
	催	재촉하다
	衰	상복 (쇠할 쇠)
추	秋	가을
	推	미루다 (밀 퇴)
	追	쫓다
	抽	뽑다
	醜	추하다, 더럽다
축	丑	소
	祝	빌다, 축하하다
	畜	가축 (기를 휵)
	蓄	쌓다
	築	쌓다
	逐	쫓다
	縮	줄이다
춘	春	봄
출	出	나가다, 나오다
충	忠	충성
	充	채우다
	蟲	벌레
	衝	부딪치다

취	取	취하다
	吹	불다
	就	나아가다
	醉	취하다
	臭	냄새
	趣	뜻, 취미
측	側	곁
	測	헤아리다
층	層	층계
치	致	이루다
	治	다스리다
	齒	이, 나이
	恥	부끄럽다
	置	두다
	値	값, 만나다
칙	則	법칙 (곧 즉)
친	親	어버이, 친하다
칠	七	일곱
	漆	옻칠, 검다
침	針	바늘
	枕	베개, 베다
	沈	잠기다
	浸	적시다
	侵	침노하다
	寢	자다
칭	稱	일컫다, 칭찬하다

ㅋ

쾌	快	쾌하다

ㅌ

타	他	다르다, 남
	打	치다
	妥	합당하다
	墮	떨어지다
탁	度	헤아리다 (법도 도)
	托	부탁하다, 의지하다
	卓	높다, 탁자
	濁	흐리다
	濯	빨래하다
탄	炭	숯
	歎	탄식하다
	彈	탄알
	誕	태어나다
탈	脫	벗다
	奪	빼앗다
탐	探	더듬다
	貪	탐하다
탑	塔	탑
탕	湯	끓다
태	太	크다
	泰	크다, 편안하다
	態	모양
	怠	게으르다
	殆	위태롭다, 거의
택	宅	집
	擇	가리다
	澤	못, 윤택하다
토	土	흙
	吐	토하다
	討	치다, 궁구하다
통	通	통하다
	統	거느리다

洞 통하다 (고을 동)
痛 아프다, 원통하다
퇴 退 물러가다
推 밀다 (미룰 추)
투 投 던지다
透 사무치다
鬪 싸움
특 特 특별하다

ㅍ

파 波 물결
破 깨뜨리다
派 가닥, 보내다
把 잡다, 비파
播 뿌리다
罷 파하다
頗 자못, 치우치다
판 判 판단하다, 분간하다
板 널, 판목
版 널, 책, 판목
販 팔다
팔 八 여덟
패 貝 조개, 재물
敗 패하다
背 배반하다 (등 배)
편 片 조각
便 편하다 (대소변 변)
偏 치우치다
篇 책, 편
編 엮다
遍 두루
평 平 평하다, 평평하다

評 평론하다
폐 閉 닫다
肺 허파
廢 폐하다
幣 해어지다, 폐단
蔽 가리다
弊 폐백, 돈
포 布 베, 펴다
抱 안다
暴 사납다 (드러날 폭)
包 싸다
胞 태
飽 배부르다
浦 물가
捕 잡다
폭 暴 드러나다 (사나울 포)
爆 폭발하다
幅 폭, 넓이
표 表 겉
票 표, 쪽지
標 표하다, 푯말
漂 뜨다, 빨래하다
품 品 품수, 물건
풍 風 바람
豊 풍년, 풍성하다
피 皮 가죽
彼 저
疲 파리하다
被 입다
避 피하다
필 匹 짝
必 반드시
筆 붓
畢 마치다

ㅎ

하	下	아래, 내리다
	何	어찌
	夏	여름
	河	물, 강 이름
	賀	하례하다
	荷	메다, 연꽃
학	學	배우다
	鶴	학, 두루미
한	恨	한하다
	寒	차다
	漢	한수, 한나라
	韓	한나라
	閑	한가하다
	限	지경, 한정하다
	汗	땀
	旱	가물다
할	割	베다
함	咸	다, 모두
	含	머금다
	陷	빠지다
합	合	합하다
항	恒	항상
	降	항복하다 (내릴 강)
	行	항오 (다닐 행)
	巷	거리
	港	항구
	抗	대항하다
	航	뱃길, 항해하다
	項	목, 조목
해	海	바다
	害	해하다
	亥	돼지

	解	풀다
	奚	어찌
	該	갖추다, 그
핵	核	씨, 핵실하다
행	行	다니다 (항오 항)
	幸	다행
향	香	향기
	向	향하다
	鄕	시골, 고향
	享	누리다
	響	울리다
허	許	허락하다
	虛	비다
헌	軒	집, 동헌
	憲	법
	獻	드리다
험	險	험하다
	驗	시험하다, 경험
혁	革	가죽, 고치다
현	賢	어질다
	現	나타나다
	見	나타나다 (볼 견)
	玄	검다
	絃	줄
	顯	나타나다
	縣	고을
	懸	매달다
혈	血	피
	穴	구멍
협	嫌	싫어하다
	協	화하다, 도우다
	脅	협박하다
형	兄	맏, 형
	形	모양, 얼굴

	刑	형벌
	亨	형통하다
	螢	반딧불
	衡	저울대 (가로 횡)
혜	惠	은혜
	兮	어조사
	慧	지혜
호	戶	지게문, 집
	好	좋다, 아름답다
	虎	범
	乎	어조사
	呼	부르다
	湖	호수
	號	이름, 부르다, 호령
	互	서로
	胡	오랑캐, 어찌
	浩	넓다
	毫	털
	豪	호걸
	護	보호하다
혹	或	혹
	惑	의혹하다
혼	婚	혼인
	混	섞다
	昏	어둡다
	魂	혼
홀	忽	문득
홍	紅	붉다
	洪	넓다
	弘	크다
	鴻	기러기, 크다
화	火	불
	化	되다, 화하다
	貨	재화, 화폐

	花	꽃
	華	빛나다, 꽃
	和	화합하다
	話	말씀
	畫	그림, 그리다 (그을 획)
	禾	벼
	禍	재화
확	確	확실하다
	擴	넓히다
	穫	거두다
환	患	근심, 병
	歡	기쁘다
	丸	둥글다, 탄알
	換	바꾸다
	還	돌아오다
	環	고리, 둥글다
활	活	살다
황	黃	누르다
	皇	임금
	況	하물며, 상황
	荒	거칠다
회	回	돌아오다
	會	모이다
	悔	뉘우치다
	懷	품다, 생각하다
획	畫	긋다, 꾀하다(그림 화)
	劃	긋다
	獲	얻다
횡	橫	가로, 횡행하다
효	孝	효도
	效	본받다, 효험
	曉	새벽, 깨닫다
후	後	뒤
	厚	두텁다

侯 제후, 벼슬 이름
候 기후, 살피다
훈 訓 가르치다
훼 毁 헐다
휘 揮 휘두르다
　 輝 빛나다
휴 休 쉬다
　 携 끌다, 가지다
휵 畜 기르다 (가축 축)

흉 凶 흉하다
　 胸 가슴
흑 黑 검다
흡 吸 빨다, 들이쉬다
흥 興 일어나다
희 喜 기쁘다
　 希 바라다
　 稀 드물다
　 戱 희롱하다

〈추가자 · 제외자 대비표〉

추가자(44자)	제외자(44자)
乞 隔 牽 繫 狂 軌 糾 塗 屯 騰 獵 隷 僚 侮 冒 伴 覆 誓 逝 攝 垂 搜 押 躍 閱 擁 凝 宰 殿 竊 奏 珠 鑄 震 滯 逮 遞 秒 卓 誕 把 偏 嫌 衡	憩 戈 瓜 鷗 閨 濃 潭 桐 洛 爛 藍 朗 蠻 矛 沐 栢 汎 膚 弗 酸 森 盾 升 阿 硯 梧 貳 刃 壹 雌 蠶 笛 蹟 滄 悽 稚 琢 兎 楓 弦 灰 喉 噫 熙

2. 故事成語

ㄱ

苛斂誅求(가렴주구) 【가혹할 가, 거둘 렴, 벨 주, 구할 구】 세금을 혹독하게 징수하고 백성들의 재산을 강제로 빼앗음.

苛政猛於虎(가정맹어호) 【가혹할 가, 정사 정, 사나울 맹, 어조사어, 범 호】 가혹한 정치는 호랑이보다 더 사납다는 뜻으로, 가혹한 정치는 백성들에게 있어 호랑이에게 잡혀 먹히는 고통보다 더 무섭다는 말.

刻骨難忘(각골난망) 【새길 각, 뼈 골, 어려울 난, 잊을 망】 입은 은혜에 대한 고마운 마음이 뼈에 새겨져 잊어지지 않음.

脚色(각색) 【다리 각, 빛색】 각본의 색채로 고쳐 씀. 소설·설화·서사시 따위 문학 작품을 무대 상영이나 영화 촬영을 위하여 희곡이나 시나리오로 고쳐 씀.

佳人薄命(가인박명) 【아름다울 가, 사람 인, 엷은 박, 목숨 명】 용모가 너무 빼어나면 운명이 기박하다.

刻舟求劍(각주구검) 【새길 각, 배 주, 구할 구, 칼 검】 칼을 강물에 떨어뜨리자 뱃전에 표시를 했다가 나중에 그 칼을 찾으려 한다는 뜻으로, 어리석어 시세에 어둡거나 완고함을 비유.

角逐(각축) 【뿔 각, 쫓을 축】 서로 이기려고 경쟁함.

艱難辛苦(간난신고) 【어려울 간, 어려울 난, 매울 신, 쓸고】 갖은 고초를 겪으며 심하게 고생함.

肝膽相照(간담상조) 【간 간, 쓸개 담, 서로 상, 비출 조】 서로 간과 쓸개를 꺼내 보인다는 뜻. ① 상호간에 진심을 터놓고 격의 없이 사귐. ② 마음이 잘 맞는 절친한 사이.

間於齊楚(간어제초) 【사이 간, 어조사 어, 나라 제, 나라 초】 제나라와 초나라의 사이에 끼임. 약자가 강자의 틈에 끼여 괴로움을 받는 것을 비유.

敢不生心(감불생심) 【감히 감, 아닐 불, 날 생, 마음 심】 감히 생각도 내지 못함.

甘言利說(감언이설) 【달 감, 말씀 언, 이할 이, 말씀 설】 남의 비위에 맞도록 꾸민 달콤한 말과 이로운 조건을 내세워 꾀는 말

甘呑苦吐(감탄고토) 【달 감, 삼킬 탄, 쓸 고, 뱉을 토】 달면 삼키도 쓰면 뱉는다는 뜻으로, 사리의 옳고 그름에 관계없이 자신에게 유리하면 하고 불리하면 안하는 이기주의적 태도.

甲男乙女(갑남을녀) 【첫째 갑, 사내 남, 두 번째 을, 계집 녀】 갑이라는 남자와 을이라는 여자. 곧 이름이 알려지지 않은 평범한 사람들.

康衢煙月(강구연월) 【편안할 강, 사거리 구, 연기 연, 달 월】 태평한 시대의 큰 거리에 보이는 평화로운 풍경. 또는 태평한 세월.

僵尸(강시) 【넘어질 강, 주검 시】 얼어 죽은 송장.

改過遷善(개과천선) 【고칠 개, 허물 과, 옮길 천, 착할 선】 지나간 잘못을 고치고 옳은 길에 들어섬.

去頭截尾(거두절미) 【없앨 거, 머리 두, 자를 절, 꼬리 미】 머리와 꼬리를 잘라 버림. 곧 사실의 줄거리만 말하고 부수적인 것은 빼어 버림.

擧世皆濁(거세개탁) 【들 거, 인간 세, 다 개, 흐릴 탁】 온 세상이 다 흐림. 곧 지위의 고하를 막론하고 모든 사람이 다 바르지 않음.

居安思危(거안사위) 【살 거, 편안할 안, 생각할 사, 위태할 위】 편안한 때에 있어서는 앞으로 닥칠 위태로움을 생각함.

去者日疎(거자일소) 【갈 거, 놈 자, 날 일, 성길 소】 죽은 사람에 대해서는 날이 가면 갈수록 점점 잊어버리게 된다는 뜻. 곧 서로 떨어져 있으면 점점 소원해짐.

車載斗量(거재두량) 【수레 거, 실을 재, 말 두, 헤아릴 량】 차에 싣고 말로 헤아림. 곧 아주 많음. 또는 썩 많아서 귀하지 않음을 이르는 말.

乾坤一擲(건곤일척) 【하늘 건, 땅 곤, 한 일, 던질 척】 하늘과 땅을 걸고 한 번 주사위를 던진다는 뜻. 곧 ① 운명과 흥망을 걸고 단판걸이로 승부나 성패를 겨룸. ② 흥하든 망하든 운명을 하늘에 맡기고 결행함을 비유.

隔靴搔癢(격화소양) 【떨어질 격, 가죽신 화, 긁을 소, 가려울 양】 신 신고 발바닥 긁기.

곧 애는 쓰되 정곡을 찌르지 못하여 안타까움을 비유.

格物致知(격물치지) 【이를 격, 만물 물, 이를 치, 알지】 ① 사물의 이치를 연구하여 후천적인 지식을 명확히 함[주자(朱子)의 설]. ② 낱낱의 사물에 존재하는 마음을 바로잡고 선천적인 양지(良知)를 갈고 닦음[왕양명(王陽明)의 설].

牽強附會(견강부회) 【이끌 견, 강할 강, 붙을 부, 모일 회】 가당치 않은 말을 억지로 끌어다 붙여 조건이나 이치에 맞도록 함.

見蚊拔劍(견문발검) 【볼 견, 모기 문, 뺄 발, 칼 검】 모기 보고 칼 빼기. 곧 보잘 것 없는 작은 일에 어울리지 않게 엄청난 큰 대책을 씀을 비유.

見物生心(견물생심) 【볼 견, 만물 물, 날 생, 마음 심】 실물을 보면 욕심이 생기게 됨.

堅如金石(견여금석) 【굳을 견, 같을 여, 쇠금, 돌 석】 서로 맺은 맹세가 금석과 같이 굳음.

見危授命(견위수명) 【볼 견, 위태할 위, 줄 수, 목숨 명】 위태함을 보고는 목숨을 버림. 곧 나라의 위태로움을 보고는 목숨을 아끼지 않고 나라를 위하여 싸움.

乞人憐天(걸인연천) 【빌걸, 사람인, 불쌍히 여길 연, 하늘 천】 거지가 하늘을 불쌍히 여김. 곧 부당한 걱정을 한다는 뜻. 불행한 처지에 있는 사람이 행복한 사람을 동정한다는 뜻.

堅忍不拔(견인불발) 【굳을 견, 참을 인, 아닐 불, 뺄 발】 굳게 참고 견디어 마음을 빼앗기지 않음.

犬兔之爭(견토지쟁) 【개 견, 토끼 토, 갈 지(…의), 다툴 쟁】 개와 토끼의 다툼이란 뜻. 곧 ① 양자의 다툼에 제삼자가 힘들이지 않고 이(利)를 봄을 비유. 횡재(橫財)함을 비유. ② 쓸데없는 다툼을 비유.

結者解之(결자해지) 【맺을 결, 놈 자, 풀 해, 어조사 지】 맺은 사람이 풀어야 한다는 뜻. 자기가 저지른 일에 대해서는 자기가 해결해야 한다는 뜻.

結草報恩(결초보은) 【맺을 결, 풀 초, 갚을 보, 은혜 은】 진(晉) 나라의 대부 위무자(魏武子)의 아들 과(顆)가 아버지의 유언을 어기고 서모를 개가시켜 순사(殉死)를 면하게 하였더니, 후에 위과(魏顆)가 전쟁에 나가 진(秦)의 두회(杜回)와 싸워 위태할 때, 서모의 아버지의 죽은 넋이 적국의 앞길에 풀을 맞잡아 매어 두회로 하여금 걸려 넘어지게 하여 사로잡게 했다는 고사. 곧 죽어 혼령이 되어도 은혜를 잊지 않는다는 뜻.

兼人之勇(겸인지용) 【아우를 겸, 사람 인, 어조사 지, 용기 용】 혼자서 몇 사람을 당해 낼만한 용맹.

輕擧妄動(경거망동) 【가벼울 경, 들 거, 망령될 망, 움직일 동】 경솔하고 망령되게 행동함.

傾國之色(경국지색) 【기울 경, 나라 국, 어조사 지, 여인 색】 임금이 혹하여 나라가 뒤집혀도 모를 만한 미인. 곧 나라 안에 으뜸가는 미인.=傾城之美

耕當問奴(경당문노) 【밭갈 경, 마땅할 당, 물을 문, 종 노】 농사일은 마땅히 머슴에게 물어야 함. 곧 일은 그 방면의 전문가에게 물음이 옳음.

輕妙脫灑(경묘탈쇄) 【가벼울 경, 묘할 묘, 벗을 탈, 뿌릴 쇄】 (주로 예술품 따위가) 경쾌하고 묘하며 속된 데가 없이 깨끗하고 말쑥함.

敬而遠之(경이원지) 【공경할 경, 말이을이, 멀 원, 어조사 지】 겉으로 존경하는 체하면서 실제는 꺼리어 멀리함.=敬遠

輕佻浮薄(경조부박) 【가벼울 경, 방정맞을 조, 뜰 부, 엷을 박】 언행이 경솔하여 신중하지 못함.

經天緯地(경천위지) 【날 경, 하늘 천, 씨 위, 땅 지】 온 천하를 경륜하여 다스림.

鷄口牛後(계구우후) 【닭 계, 입 구, 소 우, 뒤 후】 닭의 부리가 될지언정 쇠꼬리는 되지 말라는 뜻. 곧 큰 집단의 말석보다는 작은 집단의 우두머리가 낫다는 말.

鷄卵有骨(계란유골) 【닭 계, 알 란, 있을 유, 뼈 골】 달걀에 뼈가 있음. 공교롭게 일이 방해됨.

鷄肋(계륵) 【닭 계, 갈비 륵】 닭갈비. ① 그다지 이익 될 것도 없고 그렇다고 버리기도 아까움을 비유. ② 몸이 몹시 약함을 비유.

鷄鳴狗盜(계명구도) 【닭 계, 울 명, 개 구, 도둑 도】 닭의 울음소리를 잘 내는 사람과 개 흉내를 잘 내는 좀도둑이라는 뜻. 곧 ① 선비가 배워서는 안 될 천한 기능을 가진 사람. ② 천한 기능을 가진 사람도 때로는 쓸모가 있음을 비유.

股肱之臣(고굉지신) 【넓적다리 고, 팔뚝 굉, 어조사 지, 신하 신】 임금이 가장 믿고 중히 여기는 신하.

孤軍奮鬪(고군분투) 【외로울 고, 군사 군, 떨칠 분, 싸울 투】 ① 수가 적고 후원이 없는 외로운 군대가 힘에 겨운 적과 용감하게 싸움. ② 홀로 여럿을 상대해 싸움.

鼓腹擊壤(고복격양) 【북칠 고, 배 복, 칠 격, 땅 양】 배를 두드리고 발을 구르며 흥겨워한다는 뜻으로, 태평성대를 형용하여 이르는 말.

叩盆之痛(고분지통) 【두드릴 고, 동이 분, 갈 지, 아플 통】 아내가 죽은 설움.

姑息之計(고식지계) 【시어미 고, 숨 쉴 식, 갈 지, 셀 계】 임시변통이나 또는 한때의 미봉으로 일시적인 안정을 얻기 위한 꾀.

苦肉之策(고육지책) 【쓸 고, 고기 육, 어조사 지, 계책 책】 적을 속이는 수단으로서 제 몸 괴롭히는 것을 돌보지 않고 쓰는 계책 .

孤掌難鳴(고장난명) 【외로울 고, 손바닥 장, 어려울 난, 울릴 명】 외손뼉은 울릴 수 없다. 혼자서는 일을 이루지 못한다. 또는 맞서는 사람이 없으면 싸움이 되지 않는다는 뜻.

苦盡甘來(고진감래) 【쓸 고, 다할 진, 달 감, 올 래】 쓴 것이 다하면 단 것이 온다. 고생 끝에 낙이 온다.

孤枕單衾(고침단금) 【외로울 고, 베개 침, 홀 단, 이불 금】 외로운 베개와 하나의 이불. 곧 홀로 자는 여자의 이부자리.

高枕安眠(고침안면) 【높을 고, 베개 침, 편안할 안, 잘 면】 베개를 높이 하여 편히 잘 잔다는 뜻. 곧 ① 근심 없이 편히 잘 잠. ② 안심할 수 있는 상태를 비유.

古稀(고희) 【옛 고, 드물 희】 일흔 살이나 일흔 살이 된 때.

曲學阿世(곡학아세) 【굽을 곡, 학문 학, 언덕 아, 대 세】 학문을 굽히어 세속(世俗)에 아첨 한다는 뜻으로, 정도(正道)를 벗어난 학문으로 세상 사람에게 아첨함을 이르는 말.

骨肉相爭(골육상쟁) 【뼈 골, 고기 육, 서로 상, 다툴 쟁】 뼈와 살이 서로 다툼. 같은 민족끼리 서로 다툼.

空中樓閣(공중누각) 【빌 공, 가운데 중, 다락 루, 문설주 각】 공중에 떠 있는 누각蜃氣樓 (신기루)이란 뜻. 곧 ① 내용이 없는 문장이나 쓸데없는 의론(議論). ② 진실성이나 현실성이 없는 일. ③ 허무하게 사라지는 근거 없는 가공의 사물.

誇大妄想(과대망상) 【자랑할 과, 클 대, 망령될 망, 생각할 상】 사실보다 과장하여 지나 치게 상상하는, 이치에 닿지 않는 망령된 생각.

過猶不及(과유불급) 【지날 과, 같을 유, 아니 불, 미칠 급】 정도가 지나침은 미치지 못하 는 것과 같다는 뜻.

瓜田不納履(과전불납리) 【오이 과, 밭 전, 아니 불, 들일 납, 밟을 리】 오이 밭에 신을 들여 놓지 않음. 곧 남에게 의심을 살 만한 일은 아예 하지 않음을 비유.

瓜田李下(과전이하) 【오이 과, 밭 전, 오얏 이, 아래 하】 오이 밭에서 신을 고쳐 신지 말고, 오얏나무 아래서 갓을 고쳐 쓰지 말라는 뜻으로, 의심받을 짓은 처음부터 하지 말라는 말.

冠省(관생) 【갓 관, 덜 생】 서두를 생략한다는 뜻. 쪽지 따위의 첫 머리에 쓰는 말.

管鮑之交(관포지교) 【대롱 관, 절인 고기 포, 갈 지(…의), 사귈 교】 관중(管仲)과 포숙아(鮑淑牙) 사이와 같은 사귐. 시세(時勢)를 떠나 친구를 위하는 두터운 우정을 일컫는 말.

刮目相對(괄목상대) 【비빌 괄, 눈 목, 서로 상, 대할 대】 눈을 비비고 본다는 뜻. 곧 남의 학식이나 재주가 전에 비하여 딴 사람으로 볼 만큼 부쩍 는 것을 일컫는 말.

巧言令色(교언영색) 【교묘할 교, 말씀 언, 영 령, 빛 색】 발라 맞추는 말과 알랑거리는 태도라는 뜻으로, 남의 환심을 사기 위해 아첨하는 교묘한 말과 보기 좋게 꾸미는 표정을 이르는 말.

膠柱鼓瑟(교주고슬) 【아교 교, 기둥 주, 두드릴 고, 큰 거문고 슬】 변통성이 전혀 없음을 비유.

狡兔死而走狗烹(교토사이주구팽) 【교활할 교, 토끼 토, 죽을 사, 말이을 이, 달릴 주, 개 구, 삶을 팽】 교활한 토끼가 죽으니 달리던 개를 삶는다는 뜻으로, 필요할 때는 소중하게 쓰다가 그 소용이 없어지면 몰인정하게 내버리는 세상인심을 비유한 말.

九曲肝腸(구곡간장) 【아홉 구, 굽을 곡, 간 간, 창자 장】 굽이굽이 사무친 마음속.

口蜜腹劍(구밀복검) 【입 구, 꿀 밀, 배 복, 칼 검】 입 속에는 꿀을 담고 뱃속에는 칼을 지녔다는 뜻으로, 말로는 친한체하지만 속으로는 은근(慇懃)히 해칠 생각을 품고 있음을 비유하여 이르는 말.

九死一生(구사일생) 【아홉 구, 죽을 사, 한 일, 날 생】 여러 차례 죽을 고비를 넘기고 간신히 목숨을 건짐.

九牛一毛(구우일모) 【아홉 구, 소 우, 한 일, 털 모】 아홉 마리의 소 가운데서 뽑은 한 개의 (쇠)털이라는 뜻으로, 많은 것 중에 가장 적은 것을 비유.

求田問舍(구전문사) 【구할 구, 밭 전, 물을 문, 집 사】 부칠 논밭을 구하고 살 집을 물음. 곧 나라의 대사에는 뜻이 없고 일신상 이익에만 마음을 씀.

九折羊腸(구절양장) 【아홉 구, 꺾을 절, 양 양, 창자 장】 수많이 구비 꺾인 양의 창자. 곧 꼬불꼬불한 험한 산길.

群鷄一鶴(군계일학) 【무리 군, 닭 계, 한 일, 학 학】 닭의 무리 속에 한 마리의 학이라는 뜻으로, 여러 평범한 사람들 가운데 뛰어난 한 사람이 섞여 있음을 비유.

群盲撫象(군맹무상) 【무리 군, 소경 맹, 어루만질 무, 코끼리 상】 여러 소경이 코끼리를 어루만진다는 뜻. 곧 ① 범인(凡人)은 모든 사물을 자기 주관대로 그릇 판단하거나 그 일부밖에 파악하지 못함을 비유. ② 범인의 좁은 식견을 비유.

群雄割據(군웅할거) 【무리 군, 수컷 웅, 벨 할, 근거 거】 한 시기에 여기저기에서 제각기 일어난 영웅들이 제각기 한 지방을 차지하고 제 마음대로 위세를 부리는 일.

君子三樂(군자삼락) 【임금 군, 아들 자, 석 삼, 즐길 락】 군자에게는 세 가지 즐거움이 있다는 말.

權謀術數(권모술수) 【권세 권, 꾀 모, 재주 술, 셈 수】 그때그때의 형편에 따라 변통성 있게 둘러맞추는 모략이나 수단.

權不十年(권불십년) 【권세 권, 아니 불, 열 십, 해 년】 권세는 10년을 가지 못한다는 뜻으로, 권세는 오래가지 못함을 이르는 말. = 花無十日紅

勸善懲惡(권선징악) 【권할 권, 착할 선, 징계할 징, 악할 악】 선행을 장려하고 악행을 징계함.

捲土重來(권토중래) 【말 권, 흙 토, 무거울 중, 올 래】 흙먼지를 말아 일으키며 다시 쳐들어온다는 뜻으로, 한 번 실패한 사람이 세력을 회복해서 다시 공격(도전)해 온다는 말.

克己復禮(극기복례) 【이길 극, 몸 기, 돌아갈 복, 예도 례】 과도한 사욕을 누르고 예의범절을 좇도록 함.

近墨者黑(근묵자흑) 【가까울 근, 먹 묵, 놈 자, 검을 흑】 먹을 가까이 하면 검어진다는 뜻으로, 나쁜 사람을 가까이 하면 그 행실에 물들기 쉬움.= 近朱者赤

金科玉條(금과옥조)[쇠 금, 법 과, 옥돌 옥, 법규 조】 금이나 옥과 같이 소중하게 여겨 지켜야 할 법칙이나 규범.

金蘭之契(금란지계) 【쇠금, 난초란, 어조사지, 맺을 계】 견고한 벗 사이의 우정을 이름. 金(금)은 지극히 견고하지만, 두 사람의 마음을 합치면 그 견고함이 금을 능히 단절할 수 있으며, 두 사람의 진정의 말을 향기로운 난초에 비유하여 금란이라 함.

錦上添花(금상첨화) 【비단 금, 위 상, 더할 첨, 꽃 화】 비단 위에 꽃을 더함. 곧 좋고 아름다운 것에 더 좋고 아름다운 것을 더함.

琴瑟之樂(금슬지락) 【거문고 금, 큰 거문고 슬, 어조사 지, 즐길 락】 부부 사이의 다정하고 화목한 즐거움.

錦衣夜行(금의야행) 【비단 금, 옷 의, 밤 야, 다닐 행】 비단옷을 입고 밤길을 간다는 뜻. 곧 ① 아무 보람 없는 행동을 비유. ② 입신출세(立身出世)하여 고향으로 돌아가지 않음을 비유.

錦衣還鄕(금의환향) 【비단 금, 옷 의, 돌아올 환, 고향 향】 객지에서 출세하여 고향으로 돌아감.

金枝玉葉(금지옥엽) 【쇠 금, 가지 지, 옥돌 옥, 잎 엽】 ① 임금의 집안과 자손. ② 귀여운 자손.

氣高萬丈(기고만장) 【기운 기, 높을 고, 일만 만, 어른 장】 일이 뜻대로 잘 될 때에 기꺼워하거나 또는 성을 낼 때에 그 기운이 펄펄 나는 일.

起死回生(기사회생) 【일어날 기, 죽을 사, 돌아올 회, 날 생】 거의 죽을 뻔하다가 겨우 살아나 회복됨.

欺世盜名(기세도명) 【속일 기, 인간 세, 도둑 도, 이름 명】 세상 사람을 속이고 허명(虛名)을 드러냄.

杞憂(기우) 【나라이름 기, 근심 우】 쓸데없는 군걱정.

騎虎之勢(기호지세) 【말 탈 기, 범 호, 갈지, 기세 세】 호랑이를 타고 달리는 기세라는 뜻. 곧 ① 중도에서 그만둘 수 없는 형세. ② 내친걸음.

ㄴ

懦弱(나약) 【나약할 나, 약할 약】 의지가 약함.

洛陽紙貴(낙양지귀) 【강 이름 락, 볕 양, 종이 지, 귀할 귀】 '낙양의 지가를 올리다'하는 뜻. 곧 저서가 호평을 받아 베스트 셀러가 됨을 이르는 말.

難兄難弟(난형난제) 【어려울 난, 맏형, 어려울 난, 아우 제】 형이 낫다고 하기도 어렵고 아우가 낫다고 하기도 어렵다. 어느 편이 낫다고 우열을 가리기가 곤란할 때 씀.

捏造(날조) 【꾸밀 날, 지을 조】 근거 없는 일을 사실처럼 꾸며 만듦.

南柯一夢(남가일몽) 【남녘 남, 가지 가, 한 일, 꿈 몽】 남쪽 나뭇가지의 꿈이란 뜻. 곧, ① 덧없는 한때의 꿈. ② 인생의 덧없음을 비유.

南橘北枳(남귤북지) 【남녘 남, 귤나무 귤, 북녘 북, 탱자나무 지】 강남(江南)의 귤을 강북에 옮겨 심으면 탱자나무로 변함. 곧 사람은 사는 곳의 환경에 따라 착하게도 되고 악하게도 됨.

南大門入納(남대문입납) 【남녘 남, 큰 대, 문 문, 들 입, 들일 납】 주소도 모르는 채 집을 찾거나 또는 그러한 편지.

男負女戴(남부여대) 【사내 남, 짐질 부, 계집 녀, 일 대】 남자는 지고 여자는 이고 감. 곧 가난한 사람들이 떠돌아다니며 사는 일.

濫觴(남상) 【넘칠 남, 술잔 상】 겨우 술잔[觴]에 넘칠[濫] 정도로 적은 물이란 뜻으로, 사물의 시초나 근원을 이르는 말.

囊中之錐(낭중지추) 【주머니 낭, 가운데 중, 갈 지(…의), 송곳 추】 주머니 속의 송곳이란 뜻으로, 재능이 뛰어난 사람은 숨어 있어도 남의 눈에 드러남을 비유.

內憂外患(내우외환) 【안 내, 근심할 우, 바깥 외, 근심 환】 나라 안팎의 근심 걱정.

老當益壯(노당익장) 【늙을 로, 마땅히 당, 더욱 익, 씩씩할 장】 늙어도 더욱 기운이 씩씩함.

路柳墻花(노류장화) 【길 로, 버들 류, 담 장, 꽃 화】 길가의 버들과 담 밑의 꽃. 곧 노는계집이나 기생.

老馬之智(노마지지) 【늙은이 노, 말 마, 어조사 지, 지혜 지】 늙은 말의 지혜란 뜻으로, 아무리 하찮은 것일지라도 저마다 장기나 장점을 지니고 있음을 이르는 말.

綠陰芳草(녹음방초) 【초록빛 녹, 응달 음, 꽃다울 방, 풀 초】 푸른 나무 그늘과 향기로운 풀. 여름의 자연 경치.

綠衣紅裳(녹의홍상) 【초록빛 녹, 옷 의, 붉을 홍, 치마 상】 젊은 여자가 곱게 차린, 연두색 저고리와 다홍치마.

弄假成眞(농가성진) 【희롱할 롱, 거짓 가, 이룰 성, 참 진】 장난삼아 한 것이 참으로 한 것같이 됨.

壟斷(농단) 【언덕 농, 끊을 단】 (깎아 세운 듯이) 높이 솟아 있는 언덕이란 뜻. 곧 ① 재물을 독차지함. ② 이익을 독점함.

弄瓦之慶(농와지경) 【희롱할 농, 실패 와, 어조사 지, 경사 경】 딸을 낳은 경사. 딸을

낳으면 실패(瓦)를 준 고사

弄璋之慶(농장지경) 【가지고 놀 농, 옥구슬 장, 어조사 지, 경사 경】 아들을 낳은 경사. 아들을 낳으면 구슬(璋)을 준 고사.

累卵之勢(누란지세) 【여러 누, 알 란, 어조사 지, 기세 세】 알을 쌓아 놓은 듯한 형세. 곧 매우 위태로운 형세.

ㄷ

多岐亡羊(다기망양)【많을 다, 갈림길 기, 망할 망, 양 양】 달아난 양을 찾는데 길이 여러 갈래로 갈려서 양을 잃었다는 뜻. 곧 ① 학문의 길이 다방면으로 갈려 진리를 찾기 어려움을 비유. ② 방침이 많아 갈 바를 모름.

多多益善(다다익선) 【많을 다, 더할 익, 착할 선】 많으면 많을수록 좋다는 뜻.

斷機之戒(단기지계) 【끊을 단, 베틀 기, 어조사 지, 경계할 계】 학업을 중지해서는 안 됨을 경계할 때 쓰는 말.

單刀直入(단도직입) 【홑 단, 칼 도, 곧을 직, 들 입】 너절한 허두를 빼고 요점이나 본 문제를 곧바로 말함.

簞食瓢飲(단사표음) 【소쿠리 단, 밥 사, 바가지 표, 마실 음】 대그릇의 밥과 표주박의 물이라는 뜻으로, 청빈한 생활에 만족하는 것을 뜻함.

丹脣皓齒(단순호치) 【붉을 단, 입술 순, 흴 호, 이 치】 붉은 입술과 하얀 이라는 뜻으로, 매우 아름다운 여자의 얼굴을 일컫는 말.

斷腸(단장) 【끊을 단, 창자 장】 창자가 끊어졌다는 뜻. 창자가 끊어질듯 한 슬픔.

堂狗風月(당구풍월) 【집 당, 개 구, 바람 풍, 달 월】 서당 개 삼년에 풍월을 읊는다. 비록 무식한 사람이라도 유식한 사람들과 오래 사귀면 자연히 견문이 생긴다는 뜻.

螳螂拒轍(당랑거철) 【사마귀 당, 사마귀 랑, 막을 거, 바퀴 자국 철】 사마귀[螳螂]가 앞발을 들고 수레바퀴를 가로막는다는 뜻. 곧 ① 허세. ② 미약한 제 분수도 모르고 강적에게 항거하거나 덤벼드는 무모한 행동을 비유.

大器晚成(대기만성) 【큰 대, 그릇 기, 늦을 만, 이룰 성】 큰 그릇은 늦게 만들어진다는 뜻. 곧 ① 크게 될 사람은 늦게 이루어짐을 비유. ② 만년(晚年)이 되어 성공하는 일. ③ 과거에 낙방한 선비를 위로하여 이르던 말.

大義名分(대의명분) 【큰 대, 옳을 의, 이름 명, 나눌 분】 마땅히 지켜야 할 큰 의리와 직분.

徒勞無功(도로무공) 【무리 도, 일할 로, 없을 무, 공 공】 헛되게 수고만 하고 보람이 없음.

度外視(도외시) 【법도 도, 바깥 외, 볼 시】 ① 가욋것으로 봄. 안중에 두지 않고 무시함. ② 문제 삼지 않음. 불문에 붙임.

道聽塗說(도청도설) 【길 도, 들을 청, 길 도, 말씀 설】 길에서 듣고 길에서 말한다는 뜻. 곧 ① 설들은 말을 곧바로 다른 사람에게 옮김. ② 길거리에 떠돌아다니는 뜬소문.

塗炭之苦(도탄지고) 【진흙 도, 숯 탄, 어조사 지, 괴로울 고】 석탄 속에 빠진 온몸의 괴로움을 나타낸 말로서, 심한 고통 속에 빠져 있음을 뜻함.

讀書百遍意自見(독서백편의자현) 【읽을 독, 쓸 서, 일백 백, 두루 편, 뜻 의, 저절로 자, 나타날 현】 책을 여러 번 되풀이하여 읽으면 뜻은 저절로 알게 됨.

獨眼龍(독안룡) 【홀로 독, 눈 안, 용 룡】 애꾸눈의 용이란 뜻. 곧 ① 애꾸눈의 영웅 또는 용맹한 장수. ② 애꾸눈의 고덕(高德)한 사람.

突不煙不生煙(돌불연불생연) 【갑자기 돌, 아닐 불, 연기 연, 아닐 불, 날 생, 연기 연】 아니 땐 굴뚝에 연기날까. 곧 어떤 소문이든지 반드시 그런 소문이 날만한 원인이 있다는 뜻.

東家食西家宿(동가식서가숙) 【동녘 동, 집 가, 먹을 식, 서쪽 서, 잠잘 숙】 먹을 것과 갈 곳이 없어 떠돌아다니는 일을 이름.

同價紅裳(동가홍상) 【같을 동, 값 가, 붉을 홍, 치마 상】 같은 값이면 다홍치마라는 뜻으로, 이왕이면 좋은 것을 골라 가진다는 뜻.

棟樑之材(동량지재) 【마룻대 동, 들보 량, 어조사 지, 재목 재】 한 집안이나 한 나라의 기둥이 될 만한 인물.

東問西答(동문서답) 【동녘 동, 물을 문, 서쪽 서, 대답할 답】 동쪽 물음에 서쪽 답을 함. 곧 묻는 말에 엉뚱한 대답을 함.

同病相憐(동병상련) 【한 가지 동, 앓을 병, 서로 상, 불쌍히 여길 련】 같은 병을 앓는 사람끼리 서로 가엾게 여긴다는 뜻으로, 어려운 처지에 있는 사람끼리 서로 딱하게 여겨 동정하고 돕는다는 말.

東奔西走(동분서주) 【동력 동, 달릴 분, 서녘 서, 달릴 주】 이리저리 바쁘게 돌아다님.

同床異夢(동상이몽) 【같을 동, 침상 상, 다를 이, 꿈 몽】 같은 잠자리에서 다른 꿈을 꾼다
　　　는 뜻으로, 겉으로는 같은 행동을 하면서도 속으로는 각각 딴 생각을 함.

董狐之筆(동호지필) 【동독할 동, 여우 호, 갈 지(…의), 붓 필】 '동호의 직필(直筆)'이라는
　　　뜻. 곧 ① 정직한 기록. 기록을 맡은 이가 직필하여 조금도 거리낌이 없음을 이름.
　　　② 권세를 두려워하지 않고 사실을 그대로 적어 역사에 남기는 일.

杜門不出(두문불출)[막을 두, 문 문, 아닐 불, 날 출】 집안에만 들어 앉아 있고 바깥출입을
　　　안 함.

杜撰(두찬) 【막을 두, 지을 찬】 틀린 곳이 많고 전거(典據)가 정확하지 못한 저술이나 작품.

得隴望蜀(득롱망촉) 【얻을 득, 고개이름 롱, 바랄 망, 나라 이름 촉】 농(隴)나라를 얻고
　　　나니 촉(觸)나라를 갖고 싶다는 뜻으로, 인간(人間)의 욕심(慾心)은 한이 없음을 비유
　　　(比喩)해 이르는 말.

登高自卑(등고자비) 【오를 등, 높을 고, 스스로 자, 낮을 비】 높은 곳에 오르려면 낮은
　　　곳에서부터 시작해야 함. 곧 모든 일은 순서를 밟아야 함.

登龍門(등룡문)[오를 등, 용 룡, 문 문】 용문에 오른다는 뜻. 곧 ① 입신 출세의 관문을
　　　일컫는 말. ② 영달을 비유. ③ 주요한 시험을 비유. ④ 유력자를 만나는 일.

燈下不明(등하불명) 【등잔 등, 아래 하, 아닐 불, 밝을 명】 등잔 밑이 어둡다는 뜻으로,
　　　가까이에 있는 것을 오히려 잘 모름을 이르는 말.

燈火可親(등화가친) 【등잔 등, 불 화, 옳을 가, 가까이 할 친】 가을이 되어 서늘하면 밤에
　　　등불을 가까이 하여 글 읽기에 좋음.

□

磨斧作針(마부작침) 【갈 마, 도끼 부, 지을(만들) 작, 바늘 침】 도끼를 갈아서 바늘을
　　　만든다는 뜻으로 곧 ① 아무리 어려운 일이라도 참고 계속하면 언젠가는 반드시 성공
　　　함을 비유. ② 노력을 거듭해서 목적을 달성함을 비유. ③ 끈기 있게 학문이나 일에
　　　힘씀을 비유함.

馬耳東風(마이동풍)[말 마, 귀 이, 동녘 동, 바람 풍] 말의 귀에 동풍(東風:春風)이 불어도 전혀 느끼지 못한다는 뜻. 곧 ① 남의 말을 귀담아 듣지 않고 그대로 흘러버림을 비유. ② 무슨 말을 들어도 전혀 느끼지 못함을 비유. ③ 남의 일에 상관하지 않음.

馬行處牛亦去(마행처우역거) 【말마, 다닐 행, 곳 처, 소 우, 또 역, 갈 거】 말 가는데 소도 간다. 곧 일정한 차이는 있을 수 있으나 한 사람이 하는 일이라면 다른 사람도 노력만 하면 할 수 있다는 뜻.

莫逆之友(막역지우) 【말 막, 거스를 역, 어조사 지, 벗 우】 서로 뜻이 맞는 친한 벗.

萬頃蒼波(만경창파) 【일만 만, 밭 넓이 단위 경, 푸를 창, 물결 파】 한 없이 넓고 넓은 바다.

滿身瘡痍(만신창이) 【찰 만, 몸 신, 상처 창, 상처 이】 ① 온몸이 상처투성이가 됨. ② 사물이 성한 데가 없을 만큼 엉망진창이 됨.

亡國之音(망국지음) 【망할 망, 나라 국, 갈 지(…의), 소리 음】 나라를 망치는 음악이란 뜻. 곧 ① 음란하고 사치한 음악. ②망한 나라의 음악. ③ 애조(哀調)를 띤 음악.

望梅解渴(망매해갈) 【바랄 망, 매화나무 매, 풀 해, 목마를 가】 매실의 시디신 것을 상상해 침을 만들어 갈증을 풀다.

亡羊補牢(망양보뢰) 【잃을 망, 양 양, 기울 보, 외양간 뢰】 소 잃고 외양간 고친다. 곧 일이 이미 다 틀린 뒤에 때 늦게 손을 쓴들 무슨 소용이 있겠느냐는 뜻.

望洋之嘆(망양지탄) 【바라볼 망, 바다 양, 갈 지, 감탄할 탄】 넓은 바다를 보고 감탄한다는 뜻. 곧 ① 남의 원대함에 감탄하고, 나의 미흡함을 부끄러워함을 비유. ② 제 힘이 미치지 못할 때 하는 탄식.

望雲之情(망운지정) 【바랄 망, 구름 운, 어조사 지, 뜻 정】 자녀가 부모를 그리는 정. 당나라 적인걸(狄仁傑)이 타향에서 산에 올라가 고향 쪽 하늘의 구름을 보고 부모를 생각했다는 고사.

妄自尊大(망자존대) 【망령될 망, 스스로 자, 높을 존, 큰 대】 종작없이 함부로 스스로 잘난 체함.

麥秀之嘆(맥수지탄) 【보리 맥, 빼어날 수, 갈 지, 탄식할 탄】 보리 이삭이 무성함을 탄식함. 고국이 멸망한 탄식.

孟母斷機(맹모단기) 【맏 맹, 어미 모, 끊을 단, 베틀 기】 맹자의 어머니가 [유학(遊學)

도중에 돌아온 맹자를 훈계하기 위해】베틀에 건 날실을 끊었다는 뜻으로, 학문을 중도에 그만두는 것은 짜고 있던 베의 날실을 끊어 버리는 것과 같다는 말.

孟母三遷(맹모삼천) 【맏 맹, 어미 모, 석 삼, 옮길 천】맹자의 어머니가 맹자의 교육을 위해 세 번 이사했다는 고사.

盲玩丹靑(맹완단청) 【소경 맹, 옥 이름 완, 붉을 단, 푸를 청】장님의 단청 구경. 보이지 않는 눈으로 단청을 구경해봤자 아무런 소득이나 분별이 있을 수 없듯이, 사물을 보아도 전혀 사리를 분별하지 못함을 비유.

面從腹背(면종복배) 【얼굴 면, 따를 종, 배 복, 등질 배】면전에서는 쫓으나 뱃속으로는 배반함. 곧 겉으로는 복종하는 체하면서 속으로는 반대하고 뒤에서 훼방함.

明鏡止水(명경지수) 【밝을 명, 거울 경, 그칠 지, 물 수】맑은 거울과 조용한 물이라는 뜻으로, 티 없이 맑고 고요한 심경을 이르는 말.

明眸皓齒(명모호치) 【밝을 명, 눈동자 모, 흴 호, 이 치】밝은 눈동자와 흰 이. 미인의 아름다움을 형용하는 말.

名實相符(명실상부) 【이름 명, 열매 실, 서로 상, 부호 부】이름과 실상이 꼭 들어맞음.↔ 名實相反

明若觀火(명약관화) 【밝을 명, 같을 약, 볼 관, 불 화】불을 보듯이 명백함.

命在頃刻(명재경각) 【목숨 명, 있을 재, 잠깐 경, 시각 각】목숨이 경각에 있음. 곧 금방 숨이 끊어질 지경에 이름.

明哲保身(명철보신) 【밝을 명, 밝을 철, 지킬 보, 몸 신】총명하고 사리에 밝아 일을 잘 처리하여서 몸을 보전함.

毛遂自薦(모수자천) 【터럭 모, 이룰 수, 스스로 자, 천거할 천】자기가 자기를 추천함. 조나라에서 초나라에 구원을 청할 사자(使者)를 물색할 때, 모수가 스스로 자기를 추천하였다는 고사.

矛盾(모순)[창 모, 방패 순】말이나 행동의 앞뒤가 서로 맞지 않음.

牧民(목민) 【칠 목, 백성 민】백성을 기름. 곧 임금이나 원이 백성을 다스림.

目不識丁(목불식정) 【눈 목, 아니 불, 알 식, 넷째 천간 정】丁(정)자도 식별하지 못함. 곧 낫 놓고 기역자도 모름.

目不忍見(목불인견) 【눈 목, 아닐 불, 참을 인, 볼 견】차마 눈 뜨고는 볼 수 없는 참상 또는 꼴불견.

猫頭縣鈴(묘두현령) 【고양이 묘, 머리 두, 고을 현, 방울 령】 고양이 목에 방울 달기, 즉 실행할 수 없는 헛된 의논.

武陵桃源(무릉도원) 【호반 무, 언덕 릉, 복숭아 도, 근원 원】 사람들이 화목하고 행복하게 살 수 있는 이상향.

巫山之夢(무산지몽) 【무당 무, 메 산, 갈 지(…의), 꿈 몽】 무산(巫山)의 꿈이란 뜻으로, 남녀 간의 밀회(密會)나 정교(情交)를 이르는 말.

無所不知(무소부지) 【없을 무, 바 소, 아니 불, 알 지】 무엇이든지 알지 못하는 것이 없음. 죄다 앎.

無虎洞中狸作虎(무호동중리작호) 【없을 무, 범 호, 골동, 가운데 중, 삵리, 지을 작, 범 호】 뛰어난 사람이 없는 곳에서 되지도 못한 자가 제일이라고 뻐기는 꼴.

墨子悲染(묵자비염) 【먹 묵, 임 자, 슬플 비, 물들일 염】 묵자가 물들이는 것을 슬퍼한다는 말로, 사람은 습관에 따라 그 성품의 좋고 나쁨이 결정된다는 뜻.

墨翟之守(묵적지수) 【먹 묵, 꿩 적, 갈 지(…의), 지킬 수】 '묵적의 지킴'이란 뜻. 곧 ① 자기 의견이나 주장을 굽히지 않고 끝까지 지킴. ② 융통성이 없음을 비유.

文過飾非(문과식비) 【꾸밀 문, 허물 과, 꾸밀 식, 아닐 비】 허물도 꾸미고 잘못도 꾸민다. 잘못이 있음에도 불구하고 뉘우침도 없이 숨길 뿐 아니라 도리어 외면하고 잘난 체함.

門前雀羅(문전작라) 【문 문, 앞 전, 참새 작, 벌일 라】 문 앞에 새그물을 친다는 뜻으로, 권세를 잃거나 빈천(貧賤)해지면 문 앞(밖)에 새그물을 쳐 놓을 수 있을 정도로 방문 객의 발길이 끊어진다는 말.

刎頸之交(문경지교) 【목 벨 문, 목 경, 갈 지(…의), 사귈 교】 목을 베어 줄 수 있을 정도로 절친한 사귐. 또 그런 벗.

門外漢(문외한) 【문 문, 바깥 외, 사내 한】 어떤 일에 대한 전문적 지식이 없거나 관계가 없는 이.

門前成市(문전성시) 【문 문, 앞 전, 이룰 성, 저자 시】 문 앞이 저자(市)를 이룬다는 뜻으로, 권세가나 부잣집 문 앞이 방문객으로 저자를 이루다시피 붐빈다는 말.

聞則病不聞則藥(문즉병불문즉약) 【들을 문, 곧 즉, 병병, 아닐 불, 들을 문, 곧 즉, 약 약】 들어서 자기에게 걱정거리가 될 말은 애당초 듣지 않느니만 못함.

物我一體(물아일체) 【물건 물, 나 아, 한 일, 몸체】 주관과 객관이 혼연히 한 덩어리가 됨. 나와 남의 구별이 없음.

尾大不掉(미대부도) 【꼬리 미, 큰 대, 아닌가 부, 흔들 도】 동물의 꼬리가 너무 커지면 흔들지 못함. 곧 신하의 세력이 커서 임금이 자유로이 하지 못함을 말함.

彌縫策(미봉책) 【꿰맬 미, 꿰맬 봉, 꾀 책】 꿰매어 깁는 계책. 임시로 꾸며 대어 눈가림만 하는 일시적인 대책.

尾生之信(미생지신) 【꼬리 미, 날 생, 갈 지(…의), 믿을 신】 미생의 믿음이란 뜻. 곧 ① 약속을 굳게 지킴을 비유. ② 고지식하여 융통성이 없음을 비유.

ㅂ

博而不精(박이부정) 【넓을 박, 말 이을 이, 아니 불, 자세할 정】 여러 방법으로 널리 알되 정통하지 못함.

盤根錯節(반근착절) 【굽을 반, 뿌리 근, 섞일 착, 마디 절】 서린 뿌리와 얼크러진 마디라는 뜻으로, 얼크러져 해결하기 매우 어려운 사건을 비유.

反目嫉視(반목질시) 【거꾸로 반, 눈 목, 미워할 질, 볼 시】 눈을 흘기면서 밉게 봄.

伴食宰相(반식재상) 【짝 반, 먹을 식, 재상 재, 서로 상】 자리만 차지하고 있는 무능한 재상(대신)을 비꼬아 이르는 말.

拔本塞源(발본색원) 【뺄 발, 근본 본, 막을 색, 근원 원】 폐해의 근원을 뽑아서 아주 없애 버림.

拔山蓋世(발산개세) 【뽑을 발, 뫼 산, 덮을 개, 세상 세】 힘은 산을 뽑고 기세는 세상을 덮음. 곧 기력의 웅대함을 이르는 말.

傍若無人(방약무인) 【곁 방, 같을 약, 없을 무, 사람 인】 곁에 사람이 없는 것 같이 여긴다는 뜻으로, 주위의 다른 사람을 전혀 의식하지 않은 채 제멋대로 마구 행동함을 이르는 말.

杯盤狼藉(배반낭자) 【잔 배, 소반 반, 이리 낭, 깔 자】 술잔과 접시가 마치 이리에게 깔렸던 풀처럼 어지럽게 흩어져 있다는 뜻. 곧 ① 술을 마시고 한창 노는 모양. ② 술자리가 파할 무렵 또는 파한 뒤 술잔과 접시가 어지럽게 흩어져 있는 모양.

背水之陣(배수지진) 【등 배, 물 수, 갈 지(…의), 진칠 진】물을 등지고 친 진지라는 뜻으로, 목숨을 걸고 어떤 일에 대처하는 경우를 비유.

背恩忘德(배은망덕) 【배반할 배, 은혜 은, 잊을 망, 큰 덕】은혜를 잊고 도리어 배신함.

杯中蛇影(배중사영) 【술잔 배, 가운데 중, 뱀 사, 그림자 영】술잔 속에 비친 뱀의 그림자란 뜻으로, 쓸데없는 의심을 품고 스스로 고민함을 비유.

百家爭鳴(백가쟁명) 【일백 백, 집 가, 다툴 쟁, 울릴 명】많은 학자나 논객(論客)들이 거리낌 없이 자유롭게 논쟁하는 일. 춘추전국시대 제자백가(諸子百家)로서 학문이 융성했던 현상을 일컫는 말.

白骨難忘(백골난망) 【흰 백, 뼈 골, 어려울 난, 잊을 망】백골이 되어도 은덕을 잊지 못함.

百年河淸(백년하청) 【일백 백, 해 년, 물 하, 맑을 청】백 년을 기다린다 해도 황하(黃河)의 흐린 물은 맑아지지 않는다는 뜻. 곧 ① 아무리 오래 기다려도 사물(事物)이 이루어지기 어려움을 비유. ② 확실하지 않은(믿을 수 없는) 일을 언제까지나 기다림(기대함)을 비유.

百年偕老(백년해로) 【일백 백, 해 년(연), 함께 해, 늙을 로】부부가 되어 서로 화락하고 금실 좋게 함께 늙음.

白面書生(백면서생) 【흰 백, 얼굴 면, 글 서, 날 생】오로지 글만 읽고 세상일에 경험이 없는 젊은이.

白眉(백미) 【흰 백, 눈썹 미】흰 눈썹[白眉]을 가진 사람이 가장 뛰어났다는 뜻. 곧 ① 형제 중에서 가장 뛰어난 사람. ② 여럿 중에서 가장 뛰어난 사람이나 물건을 일컫는 말.

白髮三千丈(백발삼천장) 【흰 백, 터럭 발, 석 삼, 일천 천, 길 장】흰 머리털의 길이가 삼천 길[仞]이란 뜻으로, 중국 문학의 과장적 표현으로 널리 인용되는 문구.

伯牙絶絃(백아절현) 【맏 백, 어금니 아, 끊을 절, 악기 줄 현】백아가 거문고의 줄을 끊었다는 뜻. 곧 ① 서로 마음이 통하는 절친한 벗[知己]의 죽음을 이르는 말. ② 친한 벗을 잃은 슬픔.

白眼視(백안시)[흰 백, 눈 안, 볼 시] 남을 업신여기거나 냉대하여 흘겨봄.

白衣從軍(백의종군) 【흰 백, 옷 의, 좇을 종, 군사 군】벼슬을 하지 않은 사람이 군대를 따라 전쟁터로 나감.

百戰百勝(백전백승) 【일백 백, 싸울 전, 이길 승】백 번 싸워 백 번 이긴다는 뜻으로,

싸울 때마다 반드시 이긴다는 말.

百折不屈(백절불굴) 【일백 백, 꺾을 절, 아닐 불, 굽을 굴】 어떤 어려움에도 굽히지 않음.

百尺竿頭(백척간두) 【일백 백, 자 척, 장대 간, 머리 두】 백 척 높이의 장대의 끝. 위험이나 곤란이 극도에 달한 상태.

百八煩惱(백팔번뇌) 【일백 백, 여덟 팔, 번거로울 번, 번뇌할 뇌】 불교(佛敎)에서 나온 말로 인간(人間)의 과거(過去), 현재(現在), 미래(未來)에 걸친 108 가지 번뇌(煩惱).

法久弊生(법구폐생) 【법 법, 오랠 구, 해질 폐, 날 생】 좋은 법도 오래되면 폐해가 생김.

覆水不返盆(복수불반분) 【엎을 복, 물 수, 아니 불, 돌이킬 반, 동이 분】 한번 엎질러진 물은 다시 그릇에 담을 수 없다는 뜻. 곧 ① 한번 떠 난 아내는 다시 돌아올 수 없음을 비유. ② 일단 저지른 일은 다시 되돌릴 수 없음을 비유.

父傳子傳(부전자전) 【아비 부, 전할 전, 아들 자, 전할 전】 대대로 아버지가 아들에게 전함.

夫唱婦隨(부창부수) 【지아비 부, 부를 창, 지어미 부, 따를 수】 남편이 주장하고 아내가 이에 따름. 부부가 화합하는 도리.

附和雷同(부화뇌동) 【붙을 부, 화할 화, 우뢰 뢰, 같을 동】 아무런 주견이 없이 남의 의견이나 행동에 덩달아 따름.

粉骨碎身(분골쇄신) 【가루 분, 뼈 골, 부술 쇄, 몸 신】 뼈가 가루가 되고 몸이 부서진다는 뜻으로, 있는 힘을 다하여 노력함.

焚書坑儒(분서갱유) 【불사를 분, 글 서, 묻을 갱, 선비 유】 책을 불사르고 선비를 산 채로 구덩이에 파묻어 죽인다는 뜻으로, 진(秦)나라 시황제(始皇帝)의 가혹한 법(苛法)과 혹독한 정치(酷政)를 이르는 말.

不可思議(불가사의) 【아닐 불, 옳을 가, 생각할 사, 의논할 의】 사람의 생각으로는 미루어 헤아릴 수 없는 이상하고 야릇한 것.

不顧廉恥(불고염치) 【아닐 불, 돌아볼 고, 청렴할 염, 부끄러워 할 치】 염치를 돌아보지 않음.

不俱戴天(불구대천) 【아닐 불, 함께 구, 일 대, 하늘 천】 하늘을 함께 할 수 없다는 뜻. 이 세상에서 함께 살 수 없는 원수를 이름.

不問可知(불문가지) 【아니 불, 물을 문, 옳을 가, 알지】 묻지 않아도 능히 알 수 있음.

不問曲直(불문곡직) 【아니 불, 물을 문, 굽을 곡, 곧을 직】 잘잘못을 묻지 아니하고 함부로 행동함.

不撓不屈(불요불굴) 【아니 불, 어지러울 요, 아니 불, 굽을 굴】 결심이 흔들리거나 굽힘이 없이 억셈.

不入虎穴不得虎子(불입호혈부득호자) 【아니 불, 들 입, 범 호, 얻을 득, 아들 자】 호랑이 굴에 들어가지 않고는 호랑이 새끼를 못 잡는다는 뜻으로, 모험을 하지 않고는 큰일을 할 수 없음을 비유.

不撤晝夜(불철주야) 【아니 불, 거둘 철, 낮 주, 밤 야】 밤낮을 가리지 아니함. 조금도 쉴 사이 없이 일에 힘쓰는 모양.

不恥下問(불치하문) 【아니 불, 부끄러워 할 치, 아래 하, 물을 문】 아랫사람에게 묻기를 부끄러워하지 아니함.

不偏不黨(불편부당) 【아니 불, 치우칠 편, 아닌가 부, 무리 당】 어느 한쪽으로도 치우치지 않는 공평한 태도.

不惑之年(불혹지년) 【아니 불, 미혹할 혹, 갈 지, 해 년】 불혹의 나이. 곧 마흔살.

鵬程萬里(붕정만리) 【붕새 붕, 단위 정, 일만 만, 마을 리】 붕새가 날아가는 하늘 길이 만리로 트임. 곧 전도(前途)가 매우 양양한 것을 말함.

髀肉之嘆(비육지탄) 【넓적다리 비, 고기 육, 어조사 지, 탄식할 탄】 넓적다리에 살이 붙음을 탄식함. 자기의 뜻을 펴지 못하고 허송세월하는 것을 한탄함.

憑公營私(빙공영사) 【기댈 빙, 공변될 공, 경영할 영, 사사로울 사】 공적인 일을 빌어서 사리사욕을 채움.

氷炭不相容(빙탄불상용) 【얼음 빙, 숯 탄, 아니 불, 서로 상, 얼굴 용】 얼음과 숯불은 서로 용납되지 않음.물과 불처럼 상극임.

氷炭之間(빙탄지간) 【얼음 빙, 숯 탄, 어조사 지, 틈 간】 얼음과 숯은 성질이 반대여서 만나면 서로 없어진다. 군자와 소인은 서로 화합하지 못함. 또는 상반되는 사물.

ㅅ

四顧無親(사고무친) 【녁 사, 돌아볼 고, 없을 무, 겨레 친】 사방을 돌아보아도 친한 사람이 없음. 곧 의지할 만한 사람이 전혀 없음.

士氣衝天(사기충천)【선비 사, 기운 기. 찌를 충, 하늘 천】사기가 하늘을 찌를 듯이 높음.

士農工商(사농공상)【선비 사, 농사 농, 장인 공, 장사 상】선비·농부·공장·상인 등 네 가지 신분을 아울러 이르는 말. 봉건시대의 계급관념을 순서대로 일컫는 말.

四面楚歌(사면초가)【넉 사, 쪽 면, 나라 초, 노래 가】사방에서 초나라의 노래가 들리다. 적에게 포위당하여 고립되거나 이럴 수도 저럴 수도 없는 상태. 아무에게도 도움을 받지 못하는, 외롭고 곤란한 지경에 빠진 형편.

沙上樓閣(사상누각)【모래 사, 위 상, 다락 루, 문설주 각】모래 위에 지은 누각. 기초가 견고하지 못해 오래가지 못함.

捨生取義(사생취의)【버릴 사, 살 생, 취할 취, 뜻 의】목숨을 버리더라도 의를 취함.

私淑(사숙)【사사 사, 사모할 숙】직접 가르침을 받지 않았으나 마음속으로 그 사람의 학문이나 인품을 본받아 배우며 인격을 수양해 나감.

似而非(사이비)【비슷할 사, 말 이을 이, 아닐 비】겉으로 보기에는 비슷한 것 같으나 실제로는 아주 다른 가짜.

獅子吼(사자후)【사자 사, 울 후】사자가 욺. ① 열변을 토하는 연설. ② 질투 많은 여자가 남편에게 암팡지게 떠드는 일.

蛇足(사족)【뱀 사, 발 족】뱀을 그리는데 발까지 그렸다는 고사. 곧 쓸데없는 군더더기.

事必歸正(사필귀정)【일 사, 반드시 필, 돌아갈 귀, 바를 정】모든 일은 결과적으로 반드시 바른 길로 돌아서게 마련임.

死後藥方文(사후약방문)【죽을 사, 뒤 후, 약 약, 모 방, 글월 문】죽은 뒤에 약 처방을 해도 아무 소용이 없다는 뜻으로, 때가 이미 늦었음을 이르는 말.

山紫水明(산자수명)【뫼 산, 자줏빛 자, 물 수, 맑을 명】산수의 경치가 아름다움.

山戰水戰(산전수전)【뫼 산, 싸울 전, 물 수, 싸울 전】산에서의 전투와 물에서의 전투를 다 겪음. 곧 험한 세상일에 경험이 많음.

山海珍味(산해진미)【뫼 산, 바다 해, 보배 진, 맛 미】산과 바다의 진귀한 맛. 곧 온갖 귀한 재료로 만든 맛 좋은 음식들.

殺身成仁(살신성인)【죽일 살, 몸 신, 이룰 성, 어질 인】몸을 죽여 인을 이룸. 자기를 희생하여 착한 일을 함.

三綱五倫(삼강오륜)【석 삼, 벼리 강, 다섯 오, 인륜 륜】삼강은 군신·부자·부부 사이에 지켜야 할 세 가지 도리, 오륜은 부자 사이의 친애·군신 사이의 의리·부부 사이의 분별·장유 사이의 차례·친구 사이의 신의를 이르는 다섯 가지 도리.

三顧草廬(삼고초려)【석 삼, 돌아볼 고, 풀 초, 풀집 려】초가집을 세 번 찾아감. ① 사람을 맞이함에 있어 진심으로 예를 다함. ② 윗사람으로부터 후히 대우받음.

森羅萬象(삼라만상)【수풀 삼, 벌일 라, 일만 만, 코끼리 상】우주 사이에 벌여 있는 수많은 현상.

三昧(삼매)【석 삼, 새벽 매】잡념이 없이 오직 한 가지 일에만 정신을 쏟는 일심불란의 경지.

三旬九食(삼순구식)【석 삼, 열흘 순, 아홉 구, 먹을 식】서른 날에 아홉 끼니밖에 먹지 못했다는 뜻으로 가세가 몹시 가난함을 이르는 말.

三十六計(삼십육계)【석 삼, 열 십, 여섯 육, 꾀할 계】어려운 때에 여러 가지 계책 중에서 도망하여 몸을 보존하는 것이 상책임.

三人成虎(삼인성호)【석 삼, 사람 인, 이룰 성, 범 호】마을에 범이 있을 리 없지만 세 사람이 다 똑똑히 자기 눈으로 보았다 우기면 마침내 곧이듣게 된다는 뜻. 근거 없는 말이라도 여러 사람이 말하면 믿게 됨을 이름.

喪家之狗(상가지구)【죽을 상, 집 가, 어조사 지, 개 구】초상집 개. 초상집은 슬픔에만 잠겨 개 따위는 관심이 없음으로 개는 매우 여위고 힘이 없다는 데서, 수척하거나 힘이 없이 나른한 사람을 놀려서 하는 말.

上梓(상재)【위상, 판목 재】글을 판목에 새긴다는 뜻으로 글을 출판하는 일.

桑田碧海(상전벽해)【뽕나무 상, 밭 전, 푸를 벽, 바다 해】뽕나무 밭이 푸른 바다가 됨. 곧 세상이 엄청나게 변했음을 이르는 말.

上濁下不淨(상탁하부정)【위 상, 흐릴 탁, 아래 하, 아닌가 부, 깨끗할 정】윗물이 맑아야 아랫물이 맑음. 곧 윗사람이 정직하지 못하면 아랫사람도 그렇게 되기 마련이란 말.

上下撑石(상하탱석)【위 상, 아래 하, 버틸 탱, 돌 석】윗돌 빼서 아랫돌 괴고, 아랫돌 빼서 윗돌을 굄. 일이 몹시 꼬이는데 임시변통으로 이리저리 견디어 나감.

塞翁之馬(새옹지마)【변방 새, 늙은이 옹, 어조사 지, 말 마】변방에 사는 늙은이의 말.

인생의 길흉화복은 항상 변화가 많아 예측하기 어려움.

生者必滅(생자필멸) 【날 생, 놈 자, 반드시 필, 멸망할 멸】 이 세상에 생명이 있는 것은 다 마침내 죽기 마련임.

西施矉目(서시빈목) 【서녘 서, 베풀 시, 눈살 찌푸릴 빈, 눈 목】 서시가 눈살을 찌푸린다는 뜻. 곧 ① 영문도 모르고 남의 흉내를 냄을 비유, ② 남의 단점을 장점인 줄 알고 본뜸을 비유.

噬臍莫及(서제막급) 【씹을 서, 배꼽 제, 아닐 막, 미칠 급】 배꼽을 물려고 해도 입이 미치지 않는다는 뜻. 곧 기회를 잃고 후회해도 아무 소용없음을 비유.

先始於隗(선시어외) 【먼저 선, 비로소 시, 어조사 어, 높을 외】 '먼저 외(隗)부터 시작하라'는 뜻으로, 가까이 있는 나(너)부터 또는 말한 사람(제안자)부터 시작하라는 말.

先從隗始(선종외시) 【먼저 선, 따를 종, 높을 외, 시작할 시】 중국 연나라의 곽외(郭隗)에게 소왕(昭王)이 인재를 모으는 방법을 물으니, 먼저 이 외부터 우대를 하면 나보다 뛰어난 사람들이 천리길을 멀다 않고 모여들 것이라고 말했다는 고사. 곧 어진 사람을 쓰려면 먼저 어리석은 사람부터 우대하라는 뜻.

先則制人(선즉제인) 【먼저 선, 곧 즉, 억제할 제, 사람 인】 선손을 쓰면(선수를 치면) 남을 제압할 수 있다는 뜻.

仙風道骨(선풍도골) 【신선 선, 바람 풍, 도인 도, 뼈 골】 신선의 풍채와 도사의 골격. 곧 보통 사람보다 뛰어나게 깨끗하고 점잖게 생긴 사람을 이르는 말.

雪上加霜(설상가상) 【눈 설, 위 상, 더할 가, 서리 상】 눈 위에 또 서리 가 덮었다는 뜻으로, 불행이 엎친 데 덮친 격으로 거듭 생겨남을 말함.

城狐社鼠(성호사서) 【성 성, 여우 호, 토지의 신 사, 쥐 서】 성 안에 사는 여우와 사단(社壇)에 사는 쥐. 곧 몸을 안전한 곳에 두고 나쁜 짓을 하는 사람. 임금 곁에 있는 간신.

歲寒松栢(세한송백) 【해 세, 추울 한, 소나무 송, 잣나무 백】 소나무와 측백나무는 엄동에도 변색되지 않는다는 말로 군자는 역경에 처하여도 절의(節義)를 변치 않는다는 것을 비유.

騷人(소인) 【떠들 소, 사람 인】 시인과 문사=騷客(소객)

小貪大失(소탐대실) 【작을 소, 탐할 탐, 큰 대, 잃을 실】 작은 것을 탐내다가 큰 것을 잃음.

束手無策(속수무책) 【묶을 속, 손 수, 없을 무, 채찍 책】손을 묶었으니 계책이 없음. 곧 어찌할 도리가 없음.

送舊迎新(송구영신) 【보낼 송, 옛 구, 맞이할 영, 새 신】묵은 것을 보내고 새 것을 맞음.

宋襄之仁(송양지인) 【나라 송, 도울 양, 어조사 지, 어질 인】송나라 양공의 어짐. 너무 착하여 쓸데없는 아량을 베푸는 것. 어리석은 동정.

首丘初心(수구초심) 【머리 수, 언덕 구, 처음 초, 마음 심】여우가 죽을 때는 제 태어난 쪽으로 머리를 둔다는 뜻에서 고향을 그리는 마음을 이름.

手不釋卷(수불석권) 【손 수, 아니 불, 풀 석, 책 권】손에서 책을 놓지 않음. 곧 열심히 공부함.

首鼠兩端(수서양단) 【머리 수, 쥐 서, 두 량, 끝 단】쥐가 의심이 많아 쥐구멍에서 머리를 조금 내밀고 이리저리 살피는 일. ① 어찌할 바를 몰라 결단하지 못하는 상태. ② 두 가지 마음을 품는 일.

漱石枕流(수석침류) 【양치질 수, 돌 석, 베개 침, 흐를 류】돌로 양치질하고 흐르는 물을 베개로 삼는다는 뜻. 곧 ① (실패를 인정하려 들지 않고) 억지를 씀. 억지로 발라 맞춰 발뺌을 함. ② (남에게 지기 싫어서 좀처럼 체념을 않고) 억지가 셈을 비유.

袖手傍觀(수수방관) 【소매 수, 손 수, 곁 방, 볼 관】팔짱을 끼고 바라만 봄. 간섭하거나 거들지 않고 그대로 둠.

水魚之交(수어지교) 【물 수, 고기 어, 어조사 지, 사귈 교】물고기가 물을 떠나서 살 수 없듯이 떨어질 수 없는 아주 가까운 사이.

誰怨誰咎(수원수구) 【누구 수, 원망할 원, 누구 수, 허물 구】누구를 원망하며 누구를 탓하랴. 곧 누구를 원망하거나 탓 할 수 없다는 말.

水滴穿石(수적천석) 【물 수, 물방울 적, 뚫을 천, 돌 석】물방울이 돌을 뚫는다, 작은 노력이라도 끊임없이 계속하면 큰 일을 이룰 수 있음.

守株待兎(수주대토) 【지킬 수, 그루터기 주, 기다릴 대, 토끼 토】토끼가 나무그루에 걸려 죽기를 기다렸다는 고사. 곧 주변이 없어서 변통할 줄을 모르고 굳게 지키기만 함.

壽則多辱(수즉다욕) 【목숨 수, 곧 즉, 많을 다, 욕될 욕】오래 살면 욕된 일이 많다는 뜻으로, 오래 살수록 망신스러운 일을 많이 겪게 된다는 말.

誰知烏之雌雄(수지오지자웅) 【누구 수, 알 지, 까마귀 오, 갈 지, 암컷 자, 수컷 웅】누가까마귀의 암수를 알까. 두 사람의 흑백을 판단하기 어렵다는 뜻.

水淸無大魚(수청무대어) 【물 수, 맑을 청, 없을 무, 큰 대, 고기 어】 물이 너무 맑으면 큰 물고기가 살 수 없다는 뜻으로, 사람이 너무 결백하면 남이 가까이하지 않음을 비유.

菽麥不辨(숙맥불변) 【콩 숙, 보리 맥, 아닐 불, 분별할 변】 콩인지 보리인지 분별하지 못함. 어리석고 못난 사람.

脣亡齒寒(순망치한) 【입술 순, 없을 망, 이 치, 추울 한】 입술이 없으면 이가 시리다는 뜻으로, 이해관계가 서로 매우 밀접하여 한쪽이 망하면 다른 한 쪽이 위태로움을 이름.

升斗之利(승두지리) 【되 승, 말 두, 갈 지, 날카로울 리】 한 되, 한 말의 이익. 곧 대수롭지 아니한 이익.

食少事煩(식소사번) 【먹을 식, 적을 소, 일 사, 번거로울 번】 소득은 적은데 일만 번잡함.

食言(식언) 【먹을 식, 말씀언】 약속한 말을 지키지 아니함.

識字憂患(식자우환) 【알 식, 글자 자, 근심 우, 근심 환】 글자 좀 알았던 것이 도리어 화의 근원이 되었다는 뜻.

信賞必罰(신상필벌) 【믿을 신, 상줄 상, 반드시 필, 죄 벌】 상과 벌을 주는데 공정하고 엄중하여야 함.

身言書判(신언서판) 【몸 신, 말씀 언, 글 서, 가를 판】 인물을 선택하는 표준으로 삼던 네 가지 조건. 곧 신수, 말씨와 글씨와 판단력.

神出鬼沒(신출귀몰) 【귀신 신, 날 출, 귀신 귀, 가라앉을 몰】 귀신이 출몰하듯 자유자재로 와 그 변화를 헤아리지 못함.

深思熟考(심사숙고) 【깊을 심, 생각할 사, 익을 숙, 상고할 고】 신중을 기하여 곰곰이 생각함.

十年知己(십년지기) 【열 십, 해년, 알 지, 자기 기】 오래 전부터 사귀어 온 친구.

十匙一飯(십시일반) 【열 십, 수저 시, 한 일, 밥 반】 열 명이 한 술씩 보태면 한 사람이 먹을 분량이 된다. 여럿이 한 명을 돕기는 쉽다는 뜻.

十顚九倒(십전구도) 【열십, 꼭대기 전, 아홉 구, 넘어질 도】 여러 가지 고생을 겪음.

○

阿鼻叫喚(아비규환) 【언 덕 아, 코 비, 부르짖을 규, 부를 환】 불교에서 말하는 팔대지옥의 하나로 지극히 참혹한 광경이나 상태를 가리키는 말.

我田引水(아전인수) 【나 아, 밭 전, 당길 인, 물 수】 제 논에 물대기라는 뜻으로, 자기에게만 이롭게 되도록 생각하거나 행동함.

眼高手卑(안고수비) 【눈 안, 높을 고, 손 수, 낮을 비】 눈은 높으나 손은 낮음. 곧 이상은 높으나 행동이나 재주가 따르지 못함.

雁書(안서) 【기러기 안, 편지 서】 철따라 이동하는 기러기가 먼 곳에 소식을 전한다는 뜻으로, 편지를 일컫는 말.

眼中之釘(안중지정) 【눈 안, 가운데 중, 갈 지(…의), 못 정】 눈에 박힌 못이라는 뜻. 곧 ① 나에게 해를 끼치는 사람을 비유. ② 몹시 싫거나 미워서 항상 눈에 거슬리는 사람(눈엣가시)을 비유.

眼下無人(안하무인) 【눈 안, 아래 하, 없을 무, 사람 인】 눈 아래 사람이 없음. 곧 교만하여 사람들을 업신여김.

暗中摸索(암중모색) 【어두울 암, 가운데 중, 더듬을 모, 찾을 색】 어둠 속에서 손으로 더듬어 찾는다는 뜻으로, 어림짐작으로 찾는다(혹은 추측한다)는 말.

愛人如己(애인여기) 【사랑 애, 사람 인, 같을 여, 자기 기】 남을 사랑하기를 자기를 사랑하듯 함.

藥籠中物(약롱중물) 【약 약, 농 롱, 가운데 중, 만물 물】 약농 속의 약품이란 뜻으로, 항상 곁에 없어서는 안 될 긴요한 인물(심복)을 이르는 말.

藥房甘草(약방감초) 【약 약, 방 방, 달 감, 풀 초】 ① 무슨 일이나 빠짐없이 낌. ② 무슨 일이나 반드시 끼어야 할 필요한 사물.

弱肉强食(약육강식) 【약할 약, 고기 육, 굳셀 강, 먹을 식】 약한 자는 강한 자에게 먹힘.

良禽擇木(양금택목) 【어질·좋을 량, 새 금, 가릴 택, 나무 목】 현명한 새는 좋은 나무를 가려서 둥지를 친다는 뜻으로, 현명한 사람은 자기 재능을 키워 줄 훌륭한 사람을 가려서 섬김을 비유.

羊頭狗肉(양두구육) 【양 양, 머리 두, 개 구, 고기 육】 양의 대가리를 내세우고는 개고기를 팔다. 곧 겉으로는 그럴듯하게 내세우나 속은 음흉한 딴 생각이 있음.

梁上君子(양상군자) 【들보 량, 위 상, 임금 군, 아들 자】 들보 위의 군자. ① 도둑. ② 쥐.

兩虎執餠(양호집병) 【두 량, 범 호, 잡을 집, 떡 병】 두 손에 떡을 쥔 격으로 가지기도 어렵고 버리기도 어려운 경우를 말함.

良藥苦口(양약고구) 【좋을 량, 약 약, 괴로울·쓸 고, 입 구】 좋은 약은 입에 쓰다는 뜻으로, 충언(忠言)은 귀에 거슬린다는 말.

兩者擇一(양자택일) 【두 양, 놈 자, 가릴 택, 한일】 두 사람 또는 두 물건 중에서 하나를 선택함.

養虎遺患(양호유환) 【기를 양, 범 호, 끼칠 유, 근심 환】 범을 길러 우환거리를 남김. 화근이 될 것을 길러 후에 화를 당함.

魚頭肉尾(어두육미) 【고기어, 머리 두, 고기 육, 꼬리 미】 물고기는 대가리, 짐승의 고기는 꼬리가 맛이 좋음을 이름.

魚魯不辨(어로불변) 【물고기 어, 둔할 로, 아니 불, 분별할 변】 '魚'자와 '魯'자를 분별하지 못함. 곧 매우 무식함.

漁父之利(어부지리) 【고기 잡을 어, 아비 부, 갈 지(…의), 이로울 리】 어부의 이득이라는 뜻으로, 쌍방이 다투는 사이에 제삼자가 힘들이지 않고 이득을 챙긴다는 말.

語不成說(어불성설) 【말씀 어, 아닐 불, 이룰 성, 말씀 설】 말이 사리에 맞지 않아 말이 말 같지 않음.

億兆蒼生(억조창생) 【억 억, 조짐 조, 푸를 창, 날 생】 수많은 백성·수많은 세상사람.

言語道斷(언어도단) 【말씀 언, 말씀 어, 길 도, 끊을 단】 말문이 막힌다는 뜻. 너무 어이가 없어 할 말이 없음.

言中有骨(언중유골) 【말씀언, 가운데 중, 있을 유, 뼈 골】 말 속에 뼈가 있음. 곧 말은 순한듯하나 속뜻은 비꼬거나 헐뜯는 요소가 들어 있음을 이름.

言則是也(언즉시야) 【말씀언, 곧 즉, 옳을 시, 어조사 야】 말인즉 옳음. 하기야 그 말이 옳다는 뜻.

餘桃之罪(여도지죄) 【남을 여, 복숭아 도, 갈 지(…의), 허물 죄】 '먹다 남은 복숭아를 먹인 죄'란 뜻으로, 애정과 증오의 변화가 심함을 비유.

如履薄氷(여리박빙) 【같을 여, 밟을 리, 엷을 박, 얼음 빙】 살얼음을 밟는 것과 같음. 곧 처세에 극히 조심함을 이름.

與民同樂(여민동락) 【줄여, 백성 민, 한 가지 동, 즐길 락】백성과 더불어 함께 즐김.

與世推移(여세추이) 【줄여, 대세 세, 옮을 추, 옮길 이】세상이 변하는 대로 따라서 변함.

如出一口(여출일구) 【같을 여, 날 출, 한 일, 입구】한 입에서 나온 것처럼 여러 사람의
말이 한결같음.

易地思之(역지사지) 【바꿀 역, 땅 지, 생각 사, 어조사 지】처지를 바꾸어서 생각함.

緣木求魚(연목구어) 【인연할 연, 나무 목, 구할 구, 고기 어】나무에 인연하여 물고기를
구함. 목적이나 수단이 일치하지 않아 성공이 불가능함. 또는 허술한 계책으로 큰일
을 도모함.

念念不忘(염념불망) 【생각할 염, 생각할 념, 아닐 불, 잊을 망】자꾸 생각하여 잊지 못함.

拈華微笑(염화미소) 【집을 념, 꽃 화, 작을 미, 웃을 소】말로 하지 않고 마음에서 마음으
로 전하는 일. 석가모니가 연꽃을 따서 대중에게 어떤 뜻을 암시했으나 아무도 모르
고 가섭만이 그 뜻을 알아 미소 지었다는 고사에서 유래.

榮枯盛衰(영고성쇠) 【영화 영, 마를 고, 성할 성, 쇠할 쇠】번영하여 성함과 말라 쇠잔
함.=興亡盛衰(흥망성쇠)

囹圄(영어) 【옥 령, 옥 어】감옥, 교도소.

五里霧中(오리무중) 【다섯 오, 마을 리, 안개 무, 가운데 중】오리에 걸쳐 낀 안개 속.
곧 무슨 일에 대하여 알 길이 없음을 비유.

傲慢無道(오만무도) 【거만할 오, 게으를 만, 없을 무, 길 도】태도나 행동이 건방지고
버릇이 없음.

寤寐不忘(오매불망) 【깰 오, 잠잘 매, 아닐 불, 잊을 망】자나 깨나 잊지 못함.

吾鼻三尺(오비삼척) 【나 오, 코 비, 석 삼, 자 척】내 코가 석자. 곧 곤경에 처하여 자기
일도 감당할 수 없는데 어찌 남을 도울 수가 있겠는가라는 뜻.

烏飛梨落(오비이락) 【까마귀 오, 날 비, 배 리, 떨어질 락】까마귀 날자 배 떨어진다.
어떤 일이 공교롭게도 맞아 떨어져 의심을 받게 됨.

烏孫公主(오손공주) 【까마귀 오, 손자 손, 공변될 공, 주인 주】정략결혼의 희생이 된
슬픈 운명의 여인.

五十步百步(오십보백보) 【다섯 오, 열 십, 걸음 보, 일백 백, 걸음 보】전쟁에서 오십
보를 후퇴한 군사가 백보 후퇴한 군사를 비겁하다고 비웃음. 곧 좀 낫고 못한 정도의

차이는 있으나 크게 보아서는 본질상의 차이가 없음을 이르는 말.

吳越同舟(오월동주) 【오나라 오, 넘을·월나라 월, 한 가지 동, 배 주】 적대(敵對) 관계에 있는 오나라 사람과 월나라 사람이 같은 배를 타고 있다는 뜻. 곧 ① 서로 적의를 품은 사람끼리 같은 장소·처지에 놓임. 원수끼리 함께 있음을 비유. ② 적의를 품은 사람끼리라도 필요한 경우에는 서로 도움.

烏合之衆(오합지중) 【까마귀 오, 합할 합, 갈 지(…의), 무리 중】 까마귀 떼 같이 질서 없는 무리라는 뜻. 곧 ① 규율도 통일성도 없는 군중. ② 갑자기 모인 훈련 없는 군세.

玉石混淆(옥석혼효) 【구슬 옥, 돌 석, 섞을 혼, 뒤섞일 효】 옥과 돌이 뒤섞여 있다는 뜻. 곧 ① 훌륭한 것과 쓸데없는 것이 뒤섞여 있음. ② 선과 악, 현(賢)과 우(愚)가 뒤섞여 있음.

溫故知新(온고지신) 【따뜻할 온, 옛 고, 알 지, 새 신】 옛 것을 익히고 그것으로 미루어 새 것을 안다는 뜻.

蝸角之爭(와각지쟁) 【달팽이 와, 뿔 각, 갈 지(…의), 다툴 쟁】 달팽이 촉각 위에서의 싸움 이란 뜻. 곧 ① 대국(大局)에는 아무런 영향이 없는 작은 다툼을 비유. ② 하찮은 일로 승강이하는 짓을 비유.

臥薪嘗膽(와신상담) 【누울 와, 섶나무 신, 맛볼 상, 쓸개 담】 섶에 누워 자고 쓸개를 맛본 다. 원수를 갚기 위해 괴롭고 어려운 일을 참고 견딤.

完璧(완벽) 【완전할 완, 둥근 옥 벽】 ① 흠이 없는 구슬(璧:환상(環狀)의 옥(玉)). 결점 없이 훌륭함. ② 빌려 온 물건을 온전히 돌려보냄.

遼東之豕(요동지시) 【멀 요, 동녘 동, 갈 지(…의), 돼지 시】 '요동의 돼지'라는 뜻으로, 견문이 좁고 오만한 탓에 하찮은 공을 득의양양하여 자랑함을 비유.

要領不得(요령부득) 【구할 요, 옷깃 령, 아닌가 부, 얻을 득】 사물의 중요한 부분을 잡을 수 없다는 뜻으로, 말이나 글의 요령을 잡을 수 없음을 이르는 말.

樂山樂水(요산요수) 【좋아할 요, 뫼 산, 좋아할 요, 물 수】 산을 좋아하고 물을 좋아함.

燎原之火(요원지화) 【불탈 요, 들판 원, 어조사 지, 불 화】 들판을 태우는 불. 무섭게 번져 가는 벌판의 불처럼 세력이 대단하여 막을 수 없음. 미처 막을 사이 없이 퍼지는 세력을 형용하는 말.

窈窕淑女(요조숙녀) 【조용할 요, 조용할 조, 맑을 숙, 계집 녀】 마음씨가 고요하고 맑은 여자. 마음씨가 얌전하고 자태가 아름다운 여자.

欲速不達(욕속부달) 【하고자할 욕, 빠를 속, 아닌가 부, 이를 달】빨리하고자 하면 도달하지 못한다. 어떤 일을 급하게 하면 도리어 이루지 못함.

龍頭蛇尾(용두사미) 【용 용, 머리 두, 뱀 사, 꼬리 미】용머리처럼 시작하여 뱀 꼬리처럼 끝나다. 거창하게 시작했으나 갈수록 흐지부지됨.

龍蛇飛騰(용사비등) 【용 용, 뱀 사, 날 비, 오를 등】용과 뱀이 하늘로 날아오르다. 살아 움직이듯 매우 활기찬 글씨.

愚公移山(우공이산) 【어리석을 우, 공변될 공, 옮길 이, 뫼 산】우공이 산을 옮긴다는 뜻으로, 어떤 큰일이라도 끊임없이 노력하면 반드시 이루어짐을 비유.

牛刀割鷄(우도할계) 【소 우, 칼 도, 나눌 할, 닭 계】닭을 잡는 데에 어찌 소 잡는 칼을 쓰랴. 조그만 일을 처리하는 데 대기(大器)를 씀.

牛溲馬勃(우수마발) 【소 우, 오줌 수, 말 마, 똥 발】소의 오줌과 말의 똥. 곧 소용없는 물건을 비유.

優柔不斷(우유부단) 【넉넉할 우, 부드러울 유, 아닌가 부, 끊을 단】망설이기만 하고 결단하지 못함.

牛耳讀經(우이독경) 【소 우, 귀 이, 읽을 독, 경서 경】소귀에 경 읽기.=牛耳誦經(우이송경)

雨後竹筍(우후죽순) 【비 우, 뒤 후, 대 죽 , 죽순 순】비 온 뒤에 돋는 죽순. 어떤 일이 일시에 많이 일어남을 비유.

遠交近攻(원교근공) 【멀 원, 사귈 교, 가까울 근, 칠 공】먼 나라와는 사귀고 가까운 나라는 공격하는 책략.

遠水不救近火(원수불구근화) 【멀 원, 물 수, 아니 불, 구원할 구, 가까울 근, 불 화】'먼 데 있는 물은 가까운 곳에서 난 불을 끄지 못 한다'는 뜻. 먼 데 있으면 급할 때 아무 소용이 없다는 말.

怨入骨髓(원입골수) 【원망할 원, 들 입, 뼈 골, 골수 수】원한이 뼈에 사무친다는 뜻으로, 원한이 마음 속 깊이 맺혀 잊을 수 없다는 말.

遠禍召福(원화소복) 【멀 원, 재화 화, 부를 소, 복 복】화를 멀리하고 복을 불러드림.

越鳥巢南枝(월조소남지) 【넘을 월, 새 조, 집 소, 남녘 남, 가지 지】남쪽에 있는 월나라 새는 남쪽으로 뻗은 가지에 깃들임. 고향을 그리워함의 비유. 호마의북풍(胡馬依北

風)과 짝을 이루는 대구.

月下氷人(월하빙인)【달 월, 아래 하, 얼음 빙, 사람 인】월하로(月下老)와 빙상인(氷上人)이 합쳐진 것으로, 결혼 중매인을 일컫는 말.

危機一髮(위기일발)【위태할 위, 틀 기, 한 일, 터럭 발】위급함이 매우 절박한 순간.

韋編三絶(위편삼절)【가죽 위, 끈 편, 석 삼, 끊어질 절】책을 맨 가죽 끈이 세 번 끊어짐. 곧 되풀어 열심히 책을 읽었다는 뜻. 공자가 시경을 애독한 고사.

類萬不同(유만부동)【무리 유, 일만 만, 아닌가 부, 한 가지 동】여러 가지가 많다 하여도 서로 달라 같지 않음.

流芳百世(유방백세)【흐를 류, 꽃다울 방, 일백 백, 세상 세】향기가 백대에 걸쳐 흐름. 꽃다운 이름이 후세에 길이 전함.

有備無患(유비무환)【있을 유, 갖출 비, 없을 무, 근심 환】준비를 해두면 근심이 없다. 미리미리 준비해 두어 대비함.

唯我獨尊(유아독존)【오직 유, 나 아, 홀로 독, 높을 존】이 세상에서 내가 제일 높다는 말.

類類相從(유유상종)【무리 유, 서로 상, 좇을 종】같은 것끼리 서로 왕래하여 사귐.

輪廻轉生(윤회전생)【바퀴 윤, 돌 회, 구를 전, 날 생】수레바퀴가 돌아 끊임이 없듯이 중생이 사집(邪執)·교견(膠見)·번뇌(煩惱)·업(業)등으로 인하여 삼계육도(三界六道)에 죽어서는 다시 나고 또 다시 죽으며 생사를 끝없이 반복해 감을 이름.

殷鑑不遠(은감불원)【은나라 은, 거울 감, 아니 불, 멀 원】은(殷)나라 왕이 거울로 삼아야 할 멸망의 선례는 먼데 있지 않다는 뜻으로, 남의 실패를 자신의 거울로 삼으라는 말.

隱忍自重(은인자중)【숨길 은, 참을 인, 스스로 자, 무거울 중】마음속에 감추어 참고 견디면서 신중하게 생각함.

陰德陽報(음덕양보)【그늘 음, 덕 덕, 볕 양, 갚을 보】사람이 보지 않는 곳에서 좋은 일을 베풀면 반드시 그 일이 드러나서 갚음을 받는 것을 이름.

吟風弄月(음풍롱월)【읊을 음, 바람 풍, 희롱할 롱, 달 월】맑은 바람과 밝은 달을 보며 시를 짓고 읊으며 즐김.

泣斬馬謖(읍참마속)【울 읍, 벨 참, 말 마, 일어날 속】울면서 마속을 벤다는 뜻. 곧 ① 법의 공정을 지키기 위해 사사로운 정(情)을 버림을 비유. ② 큰 목적을 위해 자기가 아끼는 사람을 가차 없이 버림을 비유.

衣錦夜行(의금야행) 【옷 의, 비단 금, 밤 야, 갈 행】 비단 옷 입고 가기란 뜻으로, 출세하고도 고향에 알리지 않음을 비유.

疑心暗鬼(의심암귀) 【한자풀이가 없습니다.】 의심하는 마음이 있으면 있지도 않은 귀신이 나오는 듯이 느껴진다는 뜻. 곧 ① 마음속에 의심이 생기면 갖가지 무서운 망상이 잇달아 일어나 불안해짐. ② 선입관은 판단을 빗나가게 함.

移木之信(이목지신) 【옮길 이, 나무 목, 어조사 지, 믿을 신】 위정자가 나무 옮기기로 백성들을 믿게 한다는 뜻. 곧 ① 남을 속이지 아니한 것을 밝힘. ② 약속을 실행함.

二寺狗(이사구) 【두 이, 절 사, 개 구】 두 절에 속한 개가 양쪽 절로 분주히 돌아다니다가 한쪽 절에서도 밥을 얻어먹지 못한다는 말. 곧 한 사람이 양쪽에 이름을 걸어놓고 다니면 한 가지 일도 제대로 이루지 못한다는 뜻.

耳順(이순) 【귀 이, 순할 순】 논어의 '육십이이순(六十而耳順)'에서 나온 말로 나이 예순살 된 때를 이름.

以心傳心(이심전심) 【써 이, 마음 심, 옮길 전, 마음 심】 말이나 글로서는 전하지 못할 것을 마음으로 전함.

二律背反(이율배반) 【두 이, 법칙 율, 등질 배, 뒤집을 반】 서로 모순되는 두 개의 명제가 동등한 권리로 주장되는 일.

李下不整冠(이하부정관) 【오얏 리, 아래 하, 아닌가 부, 가지런할 정, 갓 관】 오얏나무 밑에서 갓을 바루지 않음.

人生朝露(인생조로) 【사람 인, 살 생, 아침 조, 이슬 로】 인생은 아침 이슬과 같이 덧없다는 말.

仁者無敵(인자무적) 【어질 인, 놈 자, 없을 무, 원수 적】 어진 사람은 모든 사람이 그를 따라 천하에 적이 없음.

一刻千金(일각천금) 【한 일, 시각 각, 일천 천, 쇠 금】 일각은 천금의 가치가 있다. 시간을 아껴 쓰라는 뜻.

一擧手一投足(일거수일투족) 【한 일, 들 거, 손 수, 한 일, 던질 투, 발 족】 손 한 번 들고 발 한 번 옮긴다. 아주 조그만 동작을 가리킴.

一擧兩得(일거양득) 【한 일, 들 거, 두 량, 얻을 득】 한 가지 일로써 두 가지 이익을 거둔다는 뜻.

一騎當千(일기당천) 【한 일, 말 탈 기, 당할 당, 일천 천】한 사람이 천 사람을 당해냄. 아주 힘이 셈을 비유.

一網打盡(일망타진) 【한 일, 그물 망, 칠 타, 다할 진】한 번 그물을 쳐서 물고기를 다 잡음. 한꺼번에 모조리 체포함.

一脈相通(일맥상통) 【한 일, 맥 맥, 서로 상, 통할 통】생각, 처지, 상태 등이 한 줄기 서로 통함.

一鳴驚人(일명경인) 【한 일, 울 명, 놀랄 경, 사람인】한번 일을 하기 시작하면 세상 사람을 깜짝 놀라게 할 만큼 성과를 올림.

一目瞭然(일목요연) 【한일, 눈목, 밝을 료, 그러할 연】첫눈에도 똑똑하게 알 수 있음.

一絲不亂(일사불란) 【한 일, 실 사, 아닐 불, 어지러울 란】질서나 체계가 정연하여 조금도 어지러운 데가 없음.

一瀉千里(일사천리) 【한일, 쏟을 사, 일천 천, 마을 리】강물이 거침없이 흘러 천 리에 내달음. 곧 거침없이 기세 좋게 진행됨.

一魚濁水(일어탁수) 【한 일, 고기어, 흐릴 탁, 물수】한 마리의 고기가 물을 흐리게 함. 한 사람의 잘못으로 여러 사람이 그 해를 입게 됨을 이르는 말.

一言以蔽之(일언이폐지) 【한 일, 말씀언, 써 이, 덮을 폐, 갈지】한마디 말로 전체의 뜻을 말함.

一言之下(일언지하) 【한 일, 말씀언, 갈 지, 아래 하】말 한마디로 끊음. 한마디로 딱 잘라 말함. 두말 할 나위 없음.

一衣帶水(일의대수) 【한 일, 옷 의, 띠 대, 물 수】한 줄기 띠와 같이 좁은 강물이나 바닷물이라는 뜻. 곧 ① 간격이 매우 좁음. ② 강이나 해협을 격한 대안(對岸)의 거리가 아주 가까움.

一日三秋(일일삼추) 【한일, 해일, 석 삼, 가을 추】하루가 마치 3년처럼 느껴짐. 몹시 지루하거나 기다림을 형용.

一字千金(일자천금) 【한 일, 글자 자, 일천 천, 쇠 금】한 글자엔 천금의 가치가 있다는 뜻으로, 아주 빼어난 글자나 시문(時文)을 비유하여 이르는 말.

一觸卽發(일촉즉발) 【한 일, 닿을 촉, 곧 즉, 쏠 발】한 번 스치기만 하면 곧 폭발함. 사소한 것이 동기가 되어 크게 터질 수 있는 아슬아슬한 형세.

日就月將(일취월장) 【해 일, 이룰 취, 달 월, 장차 장】날로 달로 진보함. 하루가 다르게
　　진보함.

一敗塗地(일패도지) 【한 일, 패할 패, 진흙 도, 땅 지】한번 패하여 땅에 떨어짐. 한 번
　　싸우다가 여지없이 패하여 다시 일어나지 못함.

一攫千金(일확천금) 【한 일, 붙잡을 확, 일천 천, 쇠금】힘 안 들이고 한꺼번에 많은 재물
　　을 얻음.

臨渴掘井(임갈굴정) 【임할 임, 목마를 갈, 팔 굴, 우물 정】목이 말라서야 우물을 팜.
　　미리 준비하여 두지 않고 있다가 일이 급해서야 허둥지둥하는 태도.

臨機應變(임기응변) 【임할 임, 틀 기, 응할 응, 변할 변】그때그때의 형편에 따라 융통성
　　있게 그 자리에서 처리함.

臨戰無退(임전무퇴) 【임할 임, 싸울 전, 없을 무, 물러날 퇴】싸움터에 임하여 물러섬이
　　없음.

入山忌虎(입산기호) 【들 입, 뫼산, 꺼릴 기, 범호】산에 들어가서 범을 잡을 것을 피함.
　　곧 정작 목적한 바에 부딪치면 꽁무니를 뺀다는 말.

ㅈ

自家撞着(자가당착) 【스스로 자, 집 가, 칠 당, 붙을 착】말이나 행동의 앞뒤가 서로 맞지
　　아니함.

自彊不息(자강불식) 【스스로 자, 굳셀 강, 아닐 불, 숨 쉴 식】스스로 최선을 다하여 힘쓰
　　고 쉬지 않음.

自手成家(자수성가) 【스스로 자, 손수, 이룰 성, 집 가】물려받은 재산이 없이 스스로의
　　힘으로 재산을 모아 일가를 이룸.

自繩自縛(자승자박) 【스스로자, 줄 승, 스스로 자, 묶을 박】자기가 꼰 새끼로 자기를
　　묶는다는 뜻으로, 자신의 언행으로 말미암아 자기 자신이 구속되어 괴로움을 당함.

自中之亂(자중지란) 【스스로 자, 가운 데 중, 어조사 지, 어지러울 란】자기네 한 동아리
　　안에서 일어나는 싸움.

自初至終(자초지종) 【스스로자, 처음 초, 이를 지, 끝날 종】처음부터 끝까지 이르는 동

안. 또는 그 사실.

自暴自棄(자포자기) 【스스로 자, 사나울 포, 버릴 기】 스스로 자신을 학대하고 돌보지 아니함.

自畵自讚(자화자찬) 【스스로 자, 그림 화, 스스로 자, 칭찬할 찬】 자기가 그린 그림을 자기가 칭찬하다. 자기가 한 일을 자기 스스로 칭찬함.

作舍道傍(작사도방) 【지을 작, 집 사, 길 도, 곁 방】 여러 사람의 의견에 일일이 귀를 기울이면 결국 일을 이루지 못함.

作心三日(작심삼일) 【지을 작, 마음 심, 석 삼, 날 일】 마음먹은 지 삼일이 못 간다. 결심이 얼마 되지 않아 흐지부지 됨.

張三李四(장삼이사) 【성씨 장, 석 삼, 성씨 리, 넉 사】 장서방네 셋째 아들과 이서방네 넷째 아들이란 뜻. 특별히 신분을 일컬을 정도가 못되는 사람. 평범한 사람.

才勝德薄(재승덕박) 【재주 재, 이길 승, 덕 덕, 엷을 박】 재주는 있으나 덕이 적음.

賊反荷杖(적반하장) 【도적 적, 도리어 반, 연 하, 지팡이 장】 도둑이 도리어 매를 든다는 뜻으로, 잘못한 사람이 도리어 잘한 사람을 나무라는 경우에 쓰는 말.

電光石火(전광석화) 【번개 전, 빛 광, 돌 석, 불 화】 번갯불이나 부싯돌의 불이 번쩍거리는 것과 같이 매우 짧은 시간이나매우 재빠른 움직임 따위를 비유적으로 이르는 말.

戰戰兢兢(전전긍긍) 【싸울 전, 조심할 긍】 두려워서 매우 조심함.

前程萬里(전정만리) 【앞전, 단위 정, 일만 만, 마을 리】 앞 길이 만 리나 됨. 곧 나이가 젊어서 장래가 아주 유망함.

前車覆轍(전차복철) 【앞 전, 수레 차·거, 엎어질 복, 바퀴자국 철】 앞 수레가 엎어진 바퀴자국이란 뜻. 곧 ① 앞사람의 실패. 실패의 전례. ② 앞사람의 실패를 거울삼아 주의하라는 교훈.

轉禍爲福(전화위복) 【구를 전, 재화 화, 할·위할 위, 복 복】 ① 화(禍)를 바꾸어 오히려 복(福)이 되게 함. ② 화가 바뀌어 오히려 복이 됨.

絶長補短(절장보단) 【끊을 절, 길 장, 기울 보, 끊을 단】 긴 것을 잘라 짧은 것에 보탠다. 장점으로 단점을 보완함.

切磋琢磨(절차탁마) 【끊을 절, 갈 차, 쫄 탁, 갈 마】 뼈·상아·옥·돌 따위를 깎고 갈고 닦아서 빛을 낸다는 뜻. 곧 ① 수양에 수양을 쌓음을 비유. ② 학문·기예 따위를 힘써 갈고 닦음을 비유.

漸入佳境(점입가경) 【점점 점, 들 입, 아름다울 가, 지경 경】점점 재미있는 경지로 들어감. 경치나 문장 또는 어떤 일의 상황이 점점 갈수록 재미있게 전개된다는 뜻

正鵠(정곡) 【바를 정, 고니 곡】과녁의 한가운데 점. 목표나 핵심을 비유함.

頂門一針(정문일침) 【정수리 정, 문 문, 한 일, 바늘 침】정수리에 놓는 침. 남의 잘못을 따끔하게 충고함.

井中之蛙(정중지와) 【우물 정, 가운데 중, 갈 지(…의), 개구리 와】우물 안 개구리라는 뜻으로, 식견이 좁음을 비유.

糟糠之妻(조강지처) 【지게미 조, 겨 강, 갈 지(…의), 아내 처】지게미와 겨로 끼니를 이을 만큼 구차할 때 함께 고생한 아내.

朝令暮改(조령모개) 【아침 조, 명령 령, 저물 모, 고칠 개】아침에 한 명령을 저녁에 바꾼다는 뜻으로, 법령이 빈번하게 바뀜을 일컫는 말.

朝名市利(조명시리) 【아침 조, 이름 명, 저자 시, 이로울 리】명성은 조정에서 다투고 이익은 저자[市場]에서 다투라는 뜻으로, 무슨 일이든 적당한 장소에서 행하라는 말.

朝飯夕粥(조반석죽) 【아침 조, 밥 반, 저녁 석, 죽 죽】아침에는 밥, 저녁에는 죽. 가까스로 살아가는 가난한 삶.

朝不慮夕(조불려석) 【아침 조, 아니 불, 생각할 려, 저녁 석】아침에 저녁 일을 헤아리지 못함. 당장을 걱정할 뿐 다음을 돌아볼 겨를이 없음.= 조불모석 朝不謀夕

朝三暮四(조삼모사) 【아침 조, 석 삼, 저물 모, 넉 사】아침에 세 개, 저녁에 네 개라는 뜻. ① 당장 눈앞의 차별만을 알고 그 결과가 같음을 모름 ② 간사한 잔꾀로 남을 속여 희롱함을 이름.

鳥足之血(조족지혈) 【새 조, 발 족, 갈 지, 피 혈】새 발의 피. 필요한 양에 견주어 너무도 적은 보잘것없는 양.

左袒(좌단) 【왼 좌, 옷 벗어 멜 단】웃옷의 왼쪽 어깨를 벗는다는 뜻으로, 남에게 편들어 동의함을 이르는 말.

坐井觀天(좌정관천) 【앉을 좌, 우물 정, 볼 관, 하늘 천】우물에 앉아 하늘을 봄. 견문이 썩 좁음을 이르는 말.

左衝右突(좌충우돌) 【왼 좌, 찌를 충, 오른쪽 우, 갑자기 돌】이리저리 마구 찌르고 치고

받음.

主客顚倒(주객전도) 【주인 주, 손 객, 꼭대기 전, 넘어질 도】 주인과 손님의 위치가 뒤바뀜. 사물의 경중·선후·완급이 서로 바뀜.

晝耕夜讀(주경야독) 【낮 주, 밭갈 경, 밤 야, 읽을 독】 낮에는 밭 갈고 밤에는 글을 읽음. 어려움을 극복하여 열심히 공부함.

走馬加鞭(주마가편) 【달릴 주, 말 마, 더할 가, 채찍 편】 달리는 말에 채찍질. 더 잘되도록 부추기거나 몰아침.

走馬看山(주마간산) 【달릴 주, 말 마, 볼 간, 뫼 산】 달리는 말위에서 산을 봄. 바쁘게 대충 보며 지나감.

酒池肉林(주지육림) 【술 주, 못 지, 고기 육, 수풀 림】 술의 못과 고기의 숲. 매우 호화스럽고 방탕한 생활.

竹馬故友(죽마고우) 【대나무 죽, 말 마, 옛 고, 벗 우】 죽마를 타던 옛 벗. 어릴 때부터의 벗.

樽俎折衝(준조절충) 【술통 준, 도마 조, 꺾을 절, 충돌할 충】 '술자리에서 유연한 담소(談笑)로 적의 창끝을 꺾어 막는다(折衝)는 뜻으로, 외교를 비롯하여 그 밖의 교섭에서 유리하게 담판하거나 흥정함을 이르는 말.

衆寡不敵(중과부적) 【무리 중, 적을 과, 아닐 불, 대적할 적】 적은 수로서는 많은 수를 대적할 수 없음.

衆口難防(중구난방) 【많을 중, 적을 과, 아니 불, 겨룰 적】 여러 사람의 입은 막기 어려움. 여러 사람들의 떠드는 원성 따위는 이루 막아 내지 못한다는 말.

中石沒鏃(중석몰촉) 【맞을 중, 돌 석, 잠길 몰, 화살 촉】 쏜 화살이 돌에 깊이 박혔다는 뜻으로, 정신을 집중해서 전력을 다하면 어떤 일에도 성공할 수 있음.

中原逐鹿(중원축록) 【가운데 중, 벌판 원, 쫓을 축, 사슴 록】 중원(天下)의 사슴(帝位)을 쫓는다는 뜻. 곧 ① 제위(帝位)를 다툼. ② 정권을 다툼. ③ 어떤 지위를 얻기 위해 서로 경쟁함.

知己(지기) 【알 지, 자기 기】 자기를 잘 이해하여 주는 참다운 친구.

指鹿爲馬(지록위마) 【가리킬 지, 사슴 록, 위할 위, 말 마】 사슴을 가리켜 말(馬)이라고 한다는 뜻. 곧 ① 윗사람을 농락하여 마음대로 휘두름을 비유. ② 위압적으로 남에게 잘못을 밀어붙여 끝까지 속이려 함을 비유.

支離滅裂(지리멸렬) 【가를지, 떼놓을 리, 멸망할 렬, 찢을 렬】 갈가리 흩어지고 찢어져 갈피를 잡을 수 없는 상태.

知名(지명) 【알지, 이름 명】 천명을 알다. 나이 쉰 살의 별칭=知天命(지천명)

至誠感天(지성감천) 【이를지, 정성 성, 느낄 감, 하늘 천】 정성이 지극하면 하늘도 감동함.

池魚之殃(지어지앙) 【못 지, 고기 어, 갈 지(…의), 재앙 앙】 연못 속 물고기의 재앙이란 뜻. 곧 ① 화(禍)가 엉뚱한 곳에 미침. ② 상관없는 일의 재난에 휩쓸려 듦을 비유.

知彼知己百戰不殆(지피지기백전불태) 【알지, 저 피, 알 지, 자기 기, 일백 백, 위태할 태】 상대를 알고 나를 알면 백 번 싸워도 위태롭지 않다는 뜻. 곧 상대방과 자신의 약점과 강점을 알아보고 승산(勝算)이 있을 때 싸워야 이길 수 있다는 말.

盡人事待天命(진인사대천명) 【다될 진, 사람인, 일사, 기다릴 대, 하늘 천, 목숨 명】 사람으로서 할 수 있는 일을 다 하고 천명을 기다림.

進退維谷(진퇴유곡) 【나아갈진, 물러날 퇴, 바 유, 골 곡】 나아가지도 물러나지도 못하여 어쩔 도리가 없음

懲羹吹虀(징갱취제) 【혼날 징, 국 갱, 불 취, 버무릴 제】 뜨거운 국에 데어서 냉채를 후후 불고 먹는다는 뜻으로, 한 번 실패 한 데 데어서 모든 일에 지나치게 조심함.

疾風勁草(질풍경초) 【병 질, 바람 풍, 굳셀 경, 풀 초】 세찬 바람이 불어봐야 비로소 억센 풀인지 아닌지 알 수 있다. 곤란과 시련을 겪어 봐야 비로소 그 사람의 진가를 알게 됨.

ㅊ

創業守成(창업수성) 【시작할 창, 업 업, 지킬 수, 이룰 성】 일을 시작하기는 쉬우나 이룬 것을 지키기는 어렵다는 말.

滄海一粟(창해일속) 【창창, 바다 해, 한 일, 조속】 넓은 바다 가운데 하나의 좁쌀로 아주 미미함을 말함.

冊床退物(책상퇴물) 【책 책, 상 상, 물러날 퇴, 만물 물】 책상물림. 글공부만 하여 산지식 이 없고 세상물정에 어두운 사람.

剔抉(척결) 【바를 척, 도려낼 결】 살을 긁고 뼈를 발라냄. 결점이나 부정을 파헤쳐 냄.

千金買骨(천금매골) 【일천 천, 쇠금, 살 매, 뼈골】 연나라 소왕이 현자를 구할 때, 곽외가

옛날 어느 임금이 천리마를 구하려고, 먼저 죽은 말의 뼈를 샀다는 예를 들어 자기부터 등용케 하였다는 고사. 열심히 인재를 구함.

千慮一得(천려일득) 【일천 천, 생각할 려, 한 일, 얻을 득】 바보 같은 사람이라도 많은 생각 속에는 한 가지 쓸만한 것이 있음.

千慮一失(천려일실) 【일천 천, 생각할 려, 한 일, 잃을 실】 지혜로운 사람도 많은 생각 가운데는 간혹 미처 생각지 못하는 점이 있을 수 있다는 말.

天方地軸(천방지축) 【하늘 천, 모 방, 땅 지, 굴대 축】 하늘 모서리와 땅의 축. 못난 사람이 종작없이 덤벙대는 모습. 너무 급하여 허둥지둥 날뛰는 모습.

千辛萬苦(천신만고) 【일천 천, 매울 신, 일만 만, 쓸 고】 마음과 몸을 온 가지로 수고롭게 하고 애쓰다.

天壤之判(천양지판) 【하늘 천, 흙 양, 갈지, 판가름할 판】 하늘과 땅의 차이. 아주 엄청난 차이=天壤之差

天佑神助(천우신조) 【하늘 천, 도울 우, 귀신 신, 도울 조】 하늘이 돕고 신이 도움.

天衣無縫(천의무봉) 【하늘 천, 옷 의, 없을 무, 꿰맬 봉】 천사의 옷은 솔기가 없음. 사물의 완미(完美)함을 이름.

千載一遇(천재일우) 【일천 천, 실을 재, 한일, 만날 우】 천 년에 한번 만남. 좀처럼 만나기 어려운 좋은 기회.

天災地變(천재지변) 【하늘 천, 재앙 재, 땅 지, 변할 변】 천재와 지변, 하늘과 땅에서 일어나는 재난.

天眞爛漫(천진난만) 【하늘 천, 참진, 문드러질 난, 질펀할 만】 꾸밈이나 거짓이 없는 천성 그대로의 순진함.

靑雲之志(청운지지) 【푸를 청, 구름 운, 갈지, 뜻 지】 입신출세하려는 푸른 꿈.

徹頭徹尾(철두철미) 【통할 철, 머리 두, 통할 철, 꼬리 미】 처음부터 끝까지 철저함.=徹上徹下.

鐵面皮(철면피) 【쇠 철, 낯 면, 가죽 피】 ① 얼굴에 철판을 깐 듯 수치를 수치로 여기지 않는 사람. ② 뻔뻔스러워 부끄러워할 줄 모름. 또 그런 사람. ③ 낯가죽이 두꺼워 부끄러움이 없음.

淸談(청담) 【맑을 청, 말씀 담】①명리(名利)·명문(名聞)을 떠난 청아(淸雅)한 이야기. 고상한 이야기. ② 위진 시대에 유행한 노장(老莊)을 조술(祖述)하고 속세를 떠난 청정무위(淸淨無爲)의 공리공론(空理空論).

靑天白日(청천백일) 【푸를 청, 하늘 천, 흰 백, 날 일】 푸른 하늘에 쨍쨍하게 빛나는 해라는 뜻. 곧 ① 맑게 갠 대낮. ② 뒤가 썩 깨끗한 일. ③ 원죄가 판명되어 무죄가 되는 일. ④ 푸른 바탕의 한복판에 12개의 빛살이 있는 흰 태양을 배치한 무늬.

靑天霹靂(청천벽력) 【푸를 청, 하늘 천, 벼락 벽, 벼락 력】 맑게 갠 하늘의 벼락(날벼락)이란 뜻. ① 약동하는 필세(筆勢)의 형용. ② 생각하지 않았던 무서운 일. ③ 갑자기 일어난 큰 사건이나 이변(異變)을 비유.

靑出於藍(청출어람) 【푸를 청, 날 출, 어조사 어, 쪽 람】 쪽(藍)에서 나온 푸른 물감이 쪽빛보다 더 푸르다는 뜻으로, 제자가 스승보다 더 나음을 이르는 말.

草綠同色(초록동색) 【풀 초, 초록빛 록, 한가지 동, 빛 색】 풀색과 녹색은 같다는 뜻으로, 이름은 달라도 성질이나 내용은 같음. 또 같은 처지나 같은 류의 사람들은 그들끼리 함께 행동함.

寸鐵殺人(촌철살인) 【마디 촌, 쇠 철, 죽일 살, 사람 인】 조그만 쇠붙이로 사람을 죽인다는 뜻으로, 간단한 말이나 문장으로 사물의 가장 요긴한 데를 찔러, 듣는 사람으로 하여금 감동하게 한다는 것.

逐鹿者不見山(축록자불견산) 【쫓을 축, 사슴 록, 놈 자, 아니 불, 볼 견, 메 산】 사슴을 쫓는 사람은 산을 보지 못한다는 뜻. 곧 ① 명예와 이욕(利慾)에 미혹(迷惑)된 사람은 도리도 저버림. ② 이욕에 눈이 먼 사람은 눈앞의 위험도 돌보지 않음. 또는 보지 못함. ③ 한 가지 일에 마음을 빼앗기는 사람은 다른 일을 생각하지 않음.

春秋筆法(춘추필법) 【봄 춘, 가을 추, 붓 필, 법 법】 공정한 태도로 준엄하게 비판하는 기술방식

忠言逆耳(충언역이) 【충성 충, 말씀 언, 거스를 역, 귀 이】 충고하는 말은 귀에 거슬리나 행실에는 이로움.

取捨選擇(취사선택) 【취할 취, 버릴 사, 가릴 선, 가릴 택】 취할 것은 취하고, 버릴 것은 버려서 골라잡음.

層層侍下(층층시하) 【층 층, 모실 시, 아래 하】 부모·조부모 등의 어른을 모시고 있는 처지.

痴人說夢(치인설몽)[어리석을 치, 사람 인, 말씀 설, 꿈 몽] 바보에게 꿈 이야기를 해준다는 뜻. 곧 ① 어리석기 짝이 없는 짓을 비유. ② 종작없이 지껄이는 짓을 비유. ③ 이야기가 상대방에게 이해되지 않음을 비유.

七步之才(칠보지재) 【일곱 칠, 걸음 보, 갈 지(…의), 재주 재】 일곱 걸음을 옮기는 사이에 시를 지을 수 있는 재주라는 뜻으로, 아주 뛰어난 글재주를 이르는 말.

顚八起(칠전팔기) 【일곱 칠, 꼭대기 전, 여덟 팔, 일어날 기】 일곱 번 넘어져 여덟 번 일어난다는 뜻으로, 여러 번 실패에도 굽히지 않음.

七縱七擒(칠종칠금) 【일곱 칠, 늘어질 종, 일곱 칠, 사로잡을 금】 적을 일곱 번 놓아 주었다가 일곱 번 다시 사로잡음. 상대를 마음대로 함.

ㅌ

他山之石(타산지석) 【다를 타, 메 산, 갈 지(…의), 돌 석】 다른 산의 거친(쓸모없는) 돌이라도 옥(玉)을 가는 데에 사용이 된다는 뜻. 곧 ① 다른 사람의 하찮은 언행일지라도 자기의 지식이나 인격을 닦는 데에 도움이 됨을 비유. ② 쓸모없는 것이라도 쓰기에 따라 유용한 것이 될 수 있음을 비유.

托生(탁생) 【밀 탁, 날 생】 ① 세상에 태어나 삶을 유지함. ② 남에게 의탁하여 생활함.

泰山北斗(태산북두) 【클 태, 메 산, 북녘 북, 별자리 두】 태산과 북두칠성을 가리키는 말. 곧 ① 권위자. 제일인자. 학문·예술 분야의 대가. ② 세상 사람들로부터 우러러 받듦을 받거나 가장 존경받는 사람.

兎死狗烹(토사구팽) 【토끼 토, 죽을 사, 개 구, 삶을 팽】 토끼 사냥이 끝나면 사냥개는 삶아 먹힌다는 뜻. 곧 쓸모가 있을 때는 긴요하게 쓰이다가 쓸모가 없어지면 헌신짝처럼 버려진다는 말.

吐哺握發(토포악발) 【토할 토, 먹을 포, 쥘 악, 쏠 발】 현자를 우대함. 주공이 손님이 오면, 밥 먹을 때는 밥을 뱉고, 머리를 감을 때는 머리를 움켜쥐고 나가서 극진히 맞아들였다는 고사.

推敲(퇴고) 【밀 퇴, 두드릴 고】 민다, 두드린다는 뜻으로 시문(詩文)을 지을 때 자구(字句)를 여러 번 생각하여 고침을 이르는 말.

ㅍ

破鏡(파경) 【깨뜨릴 파, 거울 경】 ① 깨어진 거울. ② 이지러진 달. 부부사이의 영원한
　　이별.

破竹之勢(파죽지세) 【깨뜨릴 파, 대나무 죽, 갈 지(…의), 기세 세】 대나무를 쪼개는 기세.
　　감히 막을 수 없게 맹렬히 적을 치는 기세.

暴虎馮河(포호빙하) 【사나울 포, 범 호, 탈 빙, 강이름 하】 맨손으로 범에게 덤비고 걸어서
　　황하를 건넌다는 뜻. 곧 무모한 행동. 죽음을 두려워하지 않는 무모한 용기를 비유.

風飛雹散(풍비박산) 【바람 풍, 날 비, 우박 박, 흩어질 산】 사방으로 날아 확 흩어짐.

風聲鶴唳(풍성학려) 【바람 풍, 소리 성, 학 학, 학울 려】 바람 소리와 학의 울음소리에도
　　놀란다. 한 번 크게 놀라면 비슷한 것에 겁을 먹고 놀란다. 겁을 먹은 사람이 하찮은
　　일에도 놀람을 비유.

風樹之嘆(풍수지탄) 【바람 풍, 나무 수, 어조사 지, 탄식할 탄】 부모를 잃어 효도할 수
　　없는 것을 한탄함.

風月主人(풍월주인) 【바람풍, 달월, 주인 주, 달월】 청풍명월의 주인공. 곧 자연을 좋아하
　　는 사람.

風前燈火(풍전등화) 【바람 풍, 앞 전, 등불 등, 불 화】 바람 앞의 등불. 매우 위급한 지경

匹夫之勇(필부지용) 【하나 필, 지아비 부, 어조사 지, 날쌜 용】 소인의 혈기에서 나오는
　　용기.

匹夫匹婦(필부필부) 【필 필, 지아비 부, 며느리 부】 평범한 남녀.

ㅎ

鶴首苦待(학수고대) 【학 학, 머리 수, 괴로울 고, 기다릴 대】 학이 목을 길게 늘어뜨리고
　　기다림. 몹시 기다림.

涸轍鮒魚(학철부어) 【물 마를 학, 바퀴 자국 철, 붕어 부, 물고기 어】 수레바퀴 자국에
　　괸 물에 있는 붕어, 매우 위급한 경우에 처했거나 몹시 고단하고 옹색함.

漢江投石(한강투석) 【한수한, 강 강, 던질 투, 돌석】 한강에 돌 던지기. 아무리 애써도
　　보람 없음을 비유.

邯鄲之夢(한단지몽) 【땅이름 한, 나라이름 단, 어조사 지, 꿈 몽】당나라 때 盧生(노생)이 邯鄲(한단)에서 呂翁(여옹)이라는 도사를 만나 자신의 곤궁한 생활을 하소연하였더니, 도사는 베기만 하면 무엇이든 뜻대로 된다는 베개를 주므로, 이를 베고 잤더니, 부귀영화를 누리는 꿈을 꾸었는데, 깨고 보니 주인이 짓는 기장밥이 아직 다 되지 않은 짧은 동안이었다는 고사. 세상의 부귀영화가 허황됨을 이르는 말. =邯鄲枕. 黃粱一炊之夢.

邯鄲之步(한단지보) 【땅이름 한, 나라이름 단, 어조사 지, 걸음 보】중국 연나라의 소년이 한단에 가서, 한단 사람들의 걸음걸이를 배우다가 완전히 익히기 전에 고향에 돌아오니, 한단의 걸음걸이도 되지 않고, 원래 자신의 걸음걸이도 잊어버렸다는 고사. 본분을 잊고 억지로 남의 흉내를 내면 실패한다는 뜻.

汗牛充棟(한우충동) 【땀 한, 소 우, 가득찰 충, 마룻대 동】수레에 실으면 소가 땀을 뻘뻘 흘리고 방에 쌓으면 대들보까지 닿을 만큼 책이 많음.

含憤蓄怨(함분축원) 【머금을 함, 결낼 분, 쌓을 축, 원망할 원】분함과 원한을 품음.

咸興差使(함흥차사) 【다 함, 일 흥, 어긋날 차, 하여금 사】심부름 간 사람이 돌아오지 않을 때 하는 말. 이태조가 태종에게 왕위를 물려주고 함흥에 가 있을 때, 태조의 노여움을 풀기 위해 여러 번 사신을 보냈으나, 그때마다 죽고 돌아오지 않았다는 이야기에서 나온 말.

虛心坦懷(허심탄회) 【빌 허, 마음심, 평평할 탄, 품을 회】마음속에 아무런 사념 없이, 품은 생각을 터놓고 말함.

虛張聲勢(허장성세) 【빌 허, 베풀 장, 소리 성, 기세 세】실력이 없으면서, 또는 실속 없이 허세만 떠벌임.

螢雪之功(형설지공) 【반딧불 형, 눈 설, 어조사 지, 공 공】가난한 사람이 반딧불과 눈빛으로 글을 읽어가며 고생 속에서 공부함을 일컫는 말.

狐假虎威(호가호위) 【여우 호, 빌릴 가, 범 호, 위엄 위】여우가 호랑이의 위엄을 빌리다. 남의 권세에 붙어 위세를 부리는 이.

虎死留皮(호사유피) 【범 호, 죽을 사, 머무를 유, 가죽 피】범이 죽으면 가죽을 남기는 것과 같이, 사람이 죽은 뒤에는 이름을 남긴다는 말.

虎視耽耽(호시탐탐) 【범 호, 볼 시, 즐길 탐】범이 사나운 눈초리로 바라본다는 뜻으로,

날카로운 눈초리로 형세를 노려보는 것을 일컬음.

浩然之氣(호연지기) 【넓을 호, 그럴 연, 갈 지(…의), 기운 기】 천하에 부끄러울 것이 없어 활짝 핀 기우(氣宇).

胡蝶之夢(호접지몽) 【오랑캐 호, 나비 접, 갈 지(…의), 꿈 몽】 장자가 나비가 되어 날아다닌 꿈. 물아일체의 경지-물아의 구별을 잊음. 만물일체의 심경, 인생의 덧없음을 비유.

惑世誣民(혹세무민) 【미혹될 혹, 세상 세, 속일 무, 백성 민】 세상을 미혹되게 하고 백성들을 속임.

昏定晨省(혼정신성) 【어두울 혼, 정할 정, 새벽 신, 살필 성】 아침저녁으로 문안을 드림. 부모를 섬기는 자식의 바른 효행.

紅爐點雪(홍로점설) 【붉을 홍, 화로 로, 점 점, 눈 설】 불로 벌겋게 단 화로에 눈을 뿌리면 순식간에 녹는다. 크나큰 일에 적은 힘이 아무런 보람이 없음.

紅一點(홍일점) 【붉을 홍, 한 일, 점 점】 여럿 가운데서 오직 하나 이채를 띠는 것. 많은 남자들 중 하나뿐인 여자. 여러 하찮은 것 가운데 단 하나 우수한 것.

畵龍點睛(화룡점정) 【그릴 화, 용 룡, 점찍을 점, 눈알 정】 용을 그리는데 눈동자도 그려 넣는다는 뜻. 곧 ① 사물의 가장 중요한 부분을 완성시킴. 끝손질을 함. ② 사소한 것으로 전체가 돋보이고 활기를 띠며 살아남을 비유.

花容月態(화용월태) 【꽃 화, 얼굴 용, 달월, 모양 태】 미인의 얼굴과 태도.

花無十日紅(화무십일홍) 【꽃 화, 없을 무, 열 십, 날 일, 붉을 홍】 열흘 붉은 꽃이 없다. 한번 성한 것은 반드시 쇠함, 권력은 오래가지 못함.

華胥之夢(화서지몽) 【빛날 화, 서로 서, 어조사 지, 꿈 몽】 화서의 꿈. 좋은 꿈이나 낮잠.

和氏之璧(화씨지벽) 【화할 화, 성 씨, 어조사 지, 구슬 벽】 천하 명옥(天下名玉)의 이름. 어떤 난관도 참고 견디면서 자신의 의지를 관철시키는 것을 비유하는 말.

畵中之餠(화중지병) 【그림 화, 가운 데 중, 어조사 지, 떡 병】 그림의 떡. 아무리 욕심이 나도 차지하거나 이용할 수 없다. 형체는 쓸모없는 것.

鰥寡孤獨(환과고독) 【홀아비 환, 과부 과, 고아 고, 홀로 독】 홀아비, 과부, 고아, 늙어서 자식이 없는 사람. 곤궁하고 불쌍한 처지에 있는 사람.

換骨奪胎(환골탈태) 【바꿀 환, 뼈 골, 빼앗을 탈, 아이 밸 태】 뼈를 바꾸고 태를 빼앗는다는 뜻. 사람이 변하여 (용모가 환하고 아름다워) 전혀 딴 사람처럼 됨.

荒唐無稽(황당무계) 【거칠 황, 허풍 당, 없을 무, 머무를 계】 말이 근거가 없고 허황함.

橫說竪說(횡설수설) 【가로 횡, 말씀 설, 더벅머리 수, 말씀 설】 되는 대로 이러쿵저러쿵 지껄임.

會者定離(회자정리) 【모일 회, 놈 자, 정할 정, 떠날 리】 만나면 반드시 헤어짐. 세상일은 모두 무상하여 만나면 반드시 헤어짐.

嚆矢(효시) 【울 효, 화살 시】 싸움터에서 먼저 울리는 화살을 쏘아서 전투를 시작하였다는 고사에서 유래된 말로, 사물의 처음을 일컫는 말.

後生可畏(후생가외) 【뒤 후, 날 생, 가히 가, 두려울 외】 젊은 후배들은 두려워할 만하다 는 뜻. 곧 젊은 후배들은 선인의 가르침을 배워 어떤 훌륭한 인물이 될지 모르기 때문에 가히 두렵다는 말.

• 편저자

李在敦(1956~)

　서울대학교 중어중문학과 졸업. 동대학원 석사학위, 박사학위 취득. 현재 이화여자대학교 중어중문학과 교수로 재직하고 있으며 중국어 음운론을 중심으로 연구하고 있다.

漢文의 理解

초판 인쇄　2017년　2월　15일
초판 발행　2017년　2월　22일

편 저 자 | 李在敦
펴 낸 이 | 河雲根
펴 낸 곳 | 學古房

주　　　소 | 경기도 고양시 덕양구 통일로 140 삼송테크노밸리 A동 B224
전　　　화 | (02)353-9908　편집부(02)356-9903
팩　　　스 | (02)6959-8234
홈페이지 | http://hakgobang.co.kr/
전자우편 | hakgobang@naver.com, hakgobang@chol.com
등록번호 | 제311-1994-000001호

ISBN　　978-89-6071-650-6　93700

값 : 14,000원